UNE ASTROLOGIE *humaniste*

pour mieux se connaître et s'aimer

Du même auteur

* *Le grand livre de la numérologie,* Éditions de Vecchi
* *La numérologie humaniste,* Guy Trédaniel Éditeur
* *Numérologie et mieux-être des nombres pour votre épanouissement personnel, Éditions Ambre*
* *Trouvez les nombres de votre vie avec la numérologie humaniste,* Éditions Ambre
* *Amour et numérologie,* Éditions Ambre
* *La numérologie du bonheur,* Éditions Ambre
* *La numérologie essentielle et sans calcul, Éditions Ambre*
* *Numérologie et chakras,* Éditions Ambre
* *Entrez dans l'univers de la numérologie humaniste,* Éditions de Vecchi

En Italie

* *Numerologia come interpretare i numeri,* de Vecchi Editore

Au Canada

* *Le grand livre de la numerologie,* Éditions Coup d'œil

JOËLLE ET FRANÇOIS NOTTER

UNE ASTROLOGIE *humaniste*

pour mieux se connaître et s'aimer

EDITIONS LANORE
François-Xavier SORLOT, éditeur
6, rue de Vaugirard | 75006 Paris

ISBN 9782382731079
fernand-lanore.com
contact@editionslanore.com

INTRODUCTION

À quoi peut réellement servir l'Astrologie ?

Que peut-elle pour moi ?

Comment marche l'Astrologie ?

Telles sont des questions qui nous sont souvent posées, et qui, bien sûr, furent nôtres avant de rencontrer, d'explorer, d'expérimenter et de remercier cette Astrologie.

Une Astrologie qui, au départ, paraissait étrange, mystérieuse, magique, mais aussi caricaturale, illusoire ou sans intérêt.

Avec et aussi parfois l'opinion de celles et ceux qui la qualifiait de « n'importe quoi ! »

Comme si, ce n'importe quoi n'était pas intéressant, voire surprenant !

Il nous importe donc aujourd'hui de vous présenter cet outil merveilleux de connaissance de soi, et de vous permettre de rencontrer cet art. Ce qui peut se révéler une découverte étonnante et constituer le début d'un long et passionnant chemin d'expériences nouvelles et d'évolutions superbes…

L'Astrologie, et en particulier l'Astrologie humaniste que nous pratiquons, vous offre de nombreuses pistes pour vous aider à mieux rencontrer le meilleur en vous, à contacter vos forces, à utiliser vos potentialités, à valoriser vos dons.

En un mot, mieux vous connaître, mieux vous construire, mieux vous aimer, et ainsi mieux « créer votre vie » et en faire un chemin de réussite, de satisfaction, de bonheur profond...

L'Astrologie vous offre l'opportunité de « revenir à vous-même », de communiquer avec ce qui se vit dans votre petit monde intérieur si riche, si varié et si mouvant.

Elle met à votre disposition ses invitations, ses suggestions, ses interpellations et vous encourage à vous poser les bonnes questions sur vous-même et sur les autres : « Où en suis-je ? », « Que puis-je faire pour améliorer mon quotidien et ma vie ? », « Comment puis-je aiguiser ma lucidité sur moi-même et ma conscience ? » et « Comment puis-je modifier certaines de mes habitudes parfois nocives ? ».

En résumé : « Comment puis-je harmoniser ma relation à moi-même, aux autres et aux évènements de ma vie ? »

L'Astrologie vous offre la possibilité de donner un sens à ces épisodes personnels que vous vivez plus ou moins bien.

Elle peut vous aider à créer des liens de sens entre les différents éléments ou facteurs qui tissent la toile de fond de votre existence et de toutes vos tranches de vie pour éviter de vous égarer et vous permettre de prendre la bonne direction, celle qui est juste pour vous en concrétisant vos envies sur votre chemin de vie ou « Chemin d'envies ».

Bref une Astrologie qui vous invite à mieux savoir qui vous êtes et ce qui est juste et bon pour vous tout en vous suggérant de rencontrer, décoder, clarifier vos « vrais désirs », vos vrais besoins, vos aspirations essentielles et vos motivations profondes.

Si l'Astrologie ne faisait que cela, ce serait déjà merveilleux, mais elle propose aussi de vous prendre en main, et plutôt aujourd'hui que demain en vous apprenant à vous positionner, c'est-à-dire à oser dire de « vrais non », pour pouvoir ensuite dire de « vrais oui » !

Elle vous donne le courage de devenir chaque jour un peu plus un homme ou une femme responsables et conscients, et non un individu infantile, un élément d'un grand troupeau manipulable, ou une marionnette !

Cette Astrologie vous donne la possibilité de mieux repérer les schémas souvent mortifères qui ont tendance à se répéter dans votre vie et d'en prendre réellement conscience pour pouvoir les modifier ou même les éradiquer en osant d'autres manières d'être, d'autres expériences, d'autres vécus personnels.

Il nous faut bien préciser que l'Astrologie n'est pas au service de l'humain en distribuant des prévisions ou autres prédictions !

Celles-ci se révèlent très vite aux yeux de la femme ou de l'homme conscients comme de sournoises pollutions de l'âme, des intoxications de l'esprit, et surtout, des agents de démobilisation générale, ou de déresponsabilisation de l'être.

Tout cela n'aide pas à grandir, bien au contraire !

L'astrologie, et c'est son cadeau ou sa fonction la plus lumineuse, vous invite à l'amélioration de votre façon d'être, de penser, de vivre. En clair, elle vous invite au CHANGEMENT.

Tant que vos peurs, vos raidissements, vos freins ou auto-sabotages personnels bloquent ou interdisent les divers changements nécessaires à toute réforme, réparation ou résilience, non seulement il ne se passe rien, mais les choses empirent, les symptômes persistent et la souffrance augmente....

Aussi, l'humain est face à un choix très clair : soit il agit, change, concrétise du nouveau, soit il subit !

Et plus il subit, plus il s'imagine qu'il est victime de personnes ou d'évènements extérieurs à lui-même alors qu'il est surtout sa propre victime, dans la mesure où ce qu'il vit s'est mis en place à l'intérieur de son petit monde intérieur peuplé de diverses personnalités sous-jacentes qui vont du « tyran intérieur » ou autre « saboteur », au « vieux sage » ou « ange gardien intérieur », en passant par tous les démons de minuit…

L'Astrologie vous fournit des pistes et des suggestions pour vous aider à vous prendre en main et faire des choix plus lucides et donc plus efficaces.

Et donc faire en sorte d'évoluer, c'est-à-dire accueillir la dynamique de changement et le désir d'évolution en vous-même…

L'Astrologie vous conseille ainsi d'apprendre à repérer les vieux schémas mortifères que vous répétez sans cesse, et vous invite à sortir de ces comportements masochistes de destruction personnelle (sabotage et limitation des dons et richesses personnelles), et à vous éloigner de la « victimite aigüe » tellement à la mode chez celles et ceux qui sont restés à un stade infantile.

L'Astrologie peut aussi vous aider à sortir de ces ornières dommageables, de ces « flagellations douloureuses » si bien entretenues qui pourrissent votre vie et pervertissent votre progression vers le meilleur, vers le bonheur, vers l'amour de vous-même et des autres…

<u>En résumé</u>

L'Astrologie (l'Astrologie humaniste surtout) vous invite à CRÉER VOTRE VIE au lieu de la subir et de vous en plaindre de façon stérile !

Elle vous propose de devenir petit à petit « maître » de vos désirs, de vos envies, et donc de votre destin.

La destinée n'est pas écrite dans les astres, elle est mijotée, voire concoctée en vous-même, au cœur de votre monde créatif intérieur, au centre de votre immense pouvoir spirituel trop souvent sous-exploité ou pas utilisé du tout !

L'Astrologie peut vous aider à comprendre et surtout à prendre conscience des mécanismes et des interactions qui sous-tendent ou dirigent votre fonctionnement personnel, tous ces éléments qui façonnent, entretiennent ou modifient votre « personnalité », plus mobile qu'on veut bien vous laisser croire, ou agissent sur votre « caractère », lui aussi non définitif et non figé.

Un caractère ne se détermine pas, il peut bouger, s'adapter, grandir, changer... comme tout ce qui vit et se vit en vous !

Il n'y a pas de fatalité !

Il n'y a pas de « dette » ou de « fautes à payer », sauf chez les adeptes de codes mortifères ou de religions infantilisantes ou castratrices !

Il n'y a pas de « logique de punition divine » ou autre !

Toute expérience est à votre disposition pour avancer, tirer de belles leçons, ouvrir de nouveaux horizons à votre conscience encore limitée, et offrir de si beaux possibles à tenter à nouveau !

Vous avez un droit naturel au bonheur, à la réussite matérielle, à la réussite amoureuse, à la réussite spirituelle.

Que votre créativité humaine, votre belle gestion de votre argent et de vos biens matériels, votre accueil du plaisir et de la jouissance dans votre vie deviennent source de maturation spirituelle.

La vraie spiritualité se vit à tous les niveaux de l'incarnation. Au ciel et sur la terre. Dans votre tête, comme dans votre petit doigt ou au cœur de votre sexe !

Dieu est partout : dans vos superbes intuitions, dans vos idées créatives, dans vos pieds qui marchent… Et aussi dans la nature ou dans votre poubelle en plastique et son tri sélectif !

L'Astrologie vous invite à pratiquer une réelle « Écologie personnelle », à trier ce qui vous intoxique ou non, ce qui vous pollue ou non. Et cela sur tous les plans : physique, affectif, mental et spirituel.

Jardinez votre terre intérieure. Développez de nouveaux espoirs « bios », libérés de certains pesticides mentaux ou intellectuels si nocifs à l'équilibre de votre « terre humaine » intérieure… et extérieure.

Il vous reste à trouver, et ensuite à mettre en œuvre réellement, ce qui est « juste pour vous ».

Chaque être humain est différent de son voisin ou de sa voisine. Même les jumeaux ne sont pas identiques, et d'ailleurs n'ont pas le même thème.

Et même s'ils avaient le même thème, il y a mille façons de le valoriser, mille façons de l'aborder et d'en faire quelque chose !

Votre avenir sera ce que vous en ferez.

Votre vie est ce que vous en faites en liaison avec vos croyances, souvent contradictoires ou incohérentes.

Personne ne peut vivre votre vie à votre place !

Personne ne peut vivre VOTRE thème !

Et personne ne peut s'arroger le droit de décider pour vous ou de vous imposer SA lecture de VOTRE Thème.

L'Astrologue est surtout là pour vous proposer, vous inviter, vous suggérer.

En aucun cas, déterminer, imposer, diriger ou manipuler.

Ou alors il ne mérite pas le nom d'Astrologue, et il lui reste un immense chemin à faire et devenir plus conscient de ce qui se joue dans la pratique de l'Astrologie !

Méfiez-vous des gens qui savent trop bien ce qui est bon pour vous.

Ils ne le savent probablement pas pour eux même et n'ont pas encore compris qu'ils ne peuvent pas vous changer vraiment.

Ils essaient alors de vous manipuler à leur profit, ou à celui de leurs fausses croyances qui les poussent à se substituer à vous sur votre chemin de vie.

Une vie à vivre de préférence en « adulte », et non pas en petit enfant perpétuel, en marionnette soumise ou en suiveur de troupeau humain...

L'Astrologie, modestement, vous invite à oser être vous-même, et non pas un docile mouton hypnotisé par des manipulateurs divers et variés, médiatiques ou non.

Finalement, l'Astrologie vous invite à apprendre à vous écouter vraiment à communiquer avec vous, à dialoguer avec votre monde intérieur si vivant, si varié, si riche de tant de potentialités.

En un mot, à vous aimer vous-même, à vous accepter tel que vous vous êtes, et oser accueillir le plaisir, l'abondance et la paix au cœur de votre (belle) vie lorsque vous l'aurez nettoyée de tous les parasitages mentaux, et des schémas négatifs qui trop souvent la peuplent, l'envahissent et la détruisent !

LES MAISONS ASTROLOGIQUES

1 - Introduction

Nous avons mentionné au début de ce livre l'importance, en Astrologie humaniste, des maisons dans le décodage du thème et de ses pistes et interprétations possibles.

Aussi, la localisation, dans un premier temps, puis la lecture dans un second temps, restent des priorités dans la pratique astrologique.

Où se trouvent les Maisons dans votre thème et comment les trouver facilement.

Si vous avez votre thème en main, ou après l'avoir fait monter (vous pouvez aussi vous référer au livre du même éditeur sur cette question), il vous reste à repérer le début de chaque Maison communément appelé **Cuspide.**

À noter

Le Cadran du thème (schéma ou dessin du thème) comprend 12 Maisons sur lesquelles s'emboîtent les 12 signes astrologiques.

Comme nous privilégions les Maisons, nous les situons au centre du cercle (au centre du Cadran).

Les Signes s'emboîtent alors dans les Maisons sur le schéma et vont apporter leur énergie à chacune des Maisons.

Ils proposent alors des pistes concernant l'expérience suggérée à la personne concernée dans chaque domaine de sa vie.

La Maison se présente comme un terrain de jeu ou Champ d'expérience et le signe du zodiaque qui tombe sur la cuspide de la Maison va nous indiquer la manière de vivre cette expérience. En résumé, on peut considérer que la Maison représenterait le « Décor » et le Signe « l'Acteur » de la pièce à jouer.

Par exemple

Dans le cas d'une Maison qui a le signe du Bélier sur sa cuspide, la personne dispose de l'énergie des qualités ou des spécificités du Bélier pour vivre au mieux cette expérience de vie, c'est-à-dire avec vivacité, dynamisme, et enthousiasme spontané.

La même Maison, pour une autre personne ayant sa cuspide en Taureau, sera vécue d'une autre manière, c'est-à-dire de façon plus lente, plus réfléchie, en un mot, plus posée.

Nous pouvons donc noter l'importance des Maisons, montrant que la même expérience peut être vécue, ou proposée à l'être de manière parfois très différente.

De même, dans notre thème nous avons les 12 Signes qui vont tomber, ou être en relation, avec 12 Maisons différentes. Le comportement alors proposé va correspondre, ou être lié, à chacun des signes.

Nous avons donc à disposition tous les Signes, mais dans des Maisons différentes pour chacun et chacune.

Remarque

Si, dans votre thème, les Maisons ne sont pas très visibles au départ (certains types d'Astrologie les mettent peu en valeur et le débutant peut avoir des difficultés à les repérer au premier coup d'œil), vous pouvez les mettre mieux en évidence en coloriant avec deux ou trois couleurs afin de différencier les Maisons qui se suivent. Par exemple l'une en jaune et la suivante en vert…

Souvent ces Maisons ne sont faiblement indiquées que par un petit triangle, la pointe vers le centre du thème, et parfois même non notée par leur « numéro », mais par « FC » (Fond du ciel) ou « « MC » (Milieu du ciel). De même pour la Maison I indiquée par une flèche plus ou moins horizontale et le signe « AC » ou « AS » pour « Ascendant ». Et la Maison VII par « DS », ou rien du tout pour « Descendant »…

Voir les quatre schémas de thèmes ci-joints. Le premier illustre la présentation en Astrologie humaniste, les trois suivants témoignent du peu de visibilité des Maisons en Astrologie « classique ».

Visibilité des 12 MAISONS en Astrologie humaniste

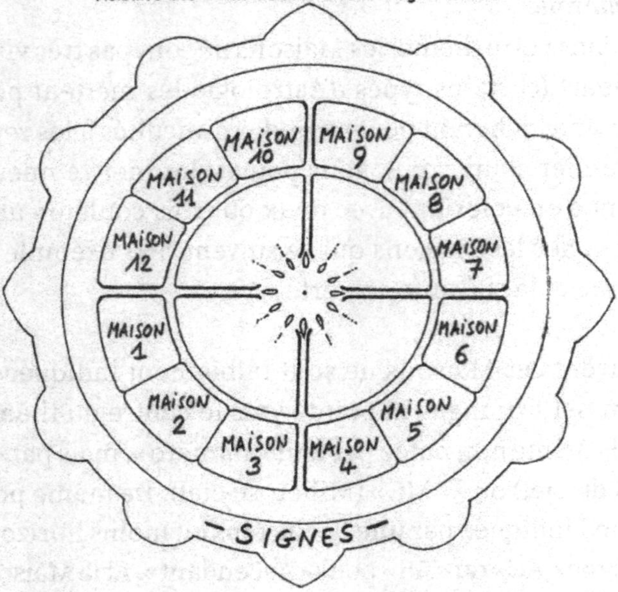

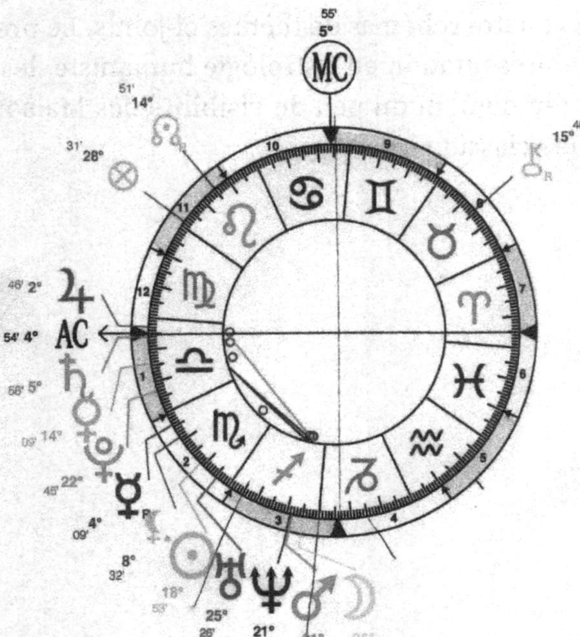

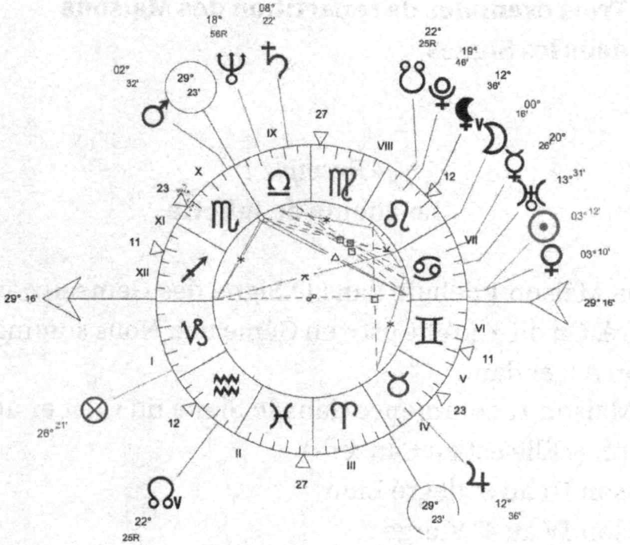
02° 32'
29° 23'
18° 56R
08° 22'
22° 25R
19° 46'
12° 36'
00° 16'
26 20°
13° 31'
03° 12'
03° 10'
29° 16'
29° 16'
26° 21'
22° 25R
29° 23'
12° 36'
27
27
23
11
12
11
23
12
IX
X
XI
XII
I
II
III
IV
V
VI
VII
VIII

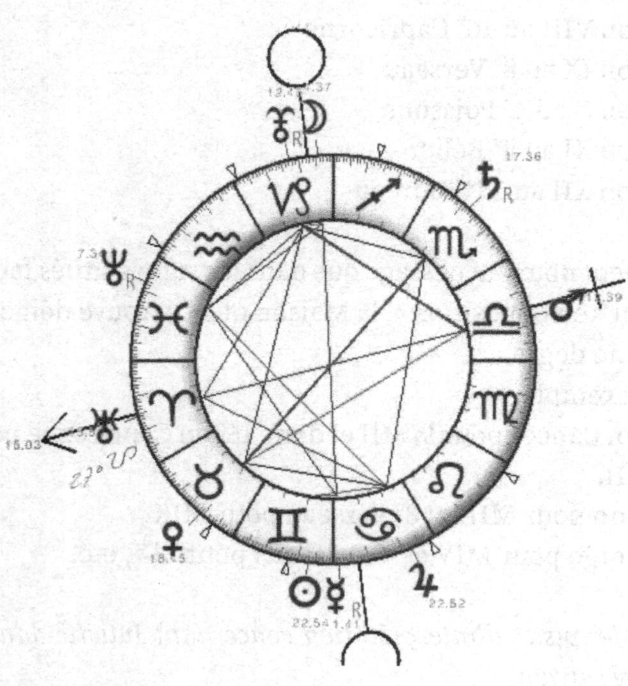
17.36
15.03
22.52

2 - Trois exemples de répartition des Maisons dans les Signes

Exemple 1

Le Thème de Juliette

* Ici la Maison I débute dans le Signe des Gémeaux au 23e degré. On dit « qu'elle est » en Gémeaux. Nous sommes ici à son Ascendant.
* La Maison II commence dans le Signe du Cancer au 16e degré. (« Elle est en Cancer »)
* Maison III au 8e degré Lion
* Maison IV au 4° Vierge
* Maison V au 8° Balance
* Maison VI au 17° Scorpion
* Maison VII au 23° Sagittaire (son Descendant)
* Maison VIII au 16° Capricorne
* Maison IX au 8° Verseau
* Maison X au 4° Poissons
* Maison XI au 8° Bélier
* Maison XII au 17° Taureau

On peut noter au passage que dans les signes situés face à face, ou « en opposition », la Maison qui s'y trouve démarre au même degré.

Par exemple :

16° en Cancer pour la MII et donc 16° en Capricorne pour la MVIII.

8° Lion pour MIII et 8° Verseau pour MIX.

4° Vierge pour MIV et 4° Poissons pour MX, etc.

Voir les pistes d'interprétation concernant Juliette dans le chapitre suivant.

Exemple 2

Le Thème de Pierre

* Ici la Maison I débute dans le Signe de la Vierge au 14e degré. On dit « qu'elle est » en Vierge. Nous sommes ici à son Ascendant.
* La Maison II débute dans le Signe de la Balance au 7e degré. (« Elle est en Balance »)
* Maison III au 6e Scorpion
* Maison IV au 10° Sagittaire
* Maison V au 16° Capricorne
* Maison VI au 18° Verseau
* Maison VII au 14° Poissons (son Descendant)
* Maison VIII au 7° Bélier
* Maison IX au 6° Taureau
* Maison X au 10° Gémeaux
* Maison XI au 16° Cancer
* Maison XII au 18° Lion

On peut noter au passage que dans les signes situés face à face, ou « en opposition », la Maison qui s'y trouve démarre au même degré.

Par exemple :

7° en Balance pour la MII et donc 7° en Bélier pour la MVIII.

6° Scorpion pour MIII et 6° Taureau pour MIX.

10° Sagittaire pour MIV et 10° Gémeaux pour MX etc.

Voir les pistes d'interprétation concernant Pierre dans le chapitre suivant.

Exemple 3

Le Thème de Didier

Remarque

Dans cet exemple certaines Maisons qui se suivent se situent dans un même Signe. Deux Maisons d'un côté du thème, et par symétrie deux de l'autre côté.

Ainsi deux signes du thème ne sont liés à aucune Maison (« ne comportent pas de Maison »).

* Ici la Maison I débute dans le signe du Lion au 2e degré. On dit « qu'elle est » en Lion. Nous sommes ici à son Ascendant.
* La Maison II débute dans le signe du Lion au 21e degré. (« Elle est en Lion »)

Notons que lorsqu'il y a comme ici deux Maisons qui se suivent dans le même Signe (Lion) il y aura automatiquement un signe intercepté ailleurs.

* Maison III au 14° Vierge
* Maison IV au 13° Balance
* Maison V au 22° Scorpion
* Maison VI au 1° Capricorne
* Maison VII au 2° Verseau (son Descendant)
* Maison VIII au 21° Verseau
* Maison IX au 14° Poissons
* Maison X au 13° Bélier
* Maison XI au 2° Taureau
* Maison XII au 1° Cancer

On peut noter au passage que dans les signes situés face à face, ou « en opposition », la Maison qui s'y trouve démarre au même degré.

Par exemple :
21° en Lion pour la MII et donc 21° en Verseau pour la MVIII.
14° en Vierge pour MIII et 14° Poissons pour MIX.
13° Balance pour MIV et 13° Bélier pour MX, etc.

Notons ici que deux Signes n'apparaissent pas dans cette liste des Maisons : le signe du Sagittaire et le Signe des Gémeaux. **Ils sont dits « Interceptés ».**

Dans cet exemple, les énergies des signes interceptés sont probablement peu utilisées consciemment.
On dit que la personne n'a pas accès à ces énergies et n'a donc pas à s'en servir dans cette vie-ci.
Ou bien elle n'en a vraiment pas besoin, ou bien elle les a « déjà intégrées » sous forme d'aisance personnelle.
On peut penser alors qu'elle n'a pas à les travailler directement dans cette incarnation.

Voir les pistes d'interprétation concernant Didier dans le chapitre suivant.

3 - LES MAISONS ASTROLOGIQUES

En Astrologie humaniste une partie importante des éléments du thème est constituée par ce qu'on appelle « Les Maisons ». Elles sont au nombre de douze.
Ces Maisons constituent le grand cadre personnel de référence.
Elles se présentent comme un grand champ d'expérience divisé en douze parties pour être mieux appréhendé. Ces champs sont à la libre disposition du sujet au fil de tout son parcours de vie.

Les douze Maisons se définissent en fonction de l'heure de naissance du sujet, l'ascendant étant le point de départ de ces Maisons.

Dans la pratique d'une Astrologie au service du développement de l'individu, qui valorise l'originalité et l'unicité de chacun, l'accent est mis sur la personne.

C'est une « approche centrée sur la personne », l'environnement restant secondaire. Cette Astrologie offrira donc des pistes concernant en priorité le sujet, en perpétuelle relation, plus ou moins satisfaisante, plus ou moins saine, avec son environnement.

Le zodiaque représente la matrice générale, un « cadre collectif » partagé par tous, la seule différence étant la gestion personnelle des différentes maisons.

Le zodiaque se positionne sur les Maisons en leur offrant diverses mises en actions.

Pour être plus précis

* **D'un côté, le zodiaque représente le « comment ».**

C'est-à-dire les « qualités à disposition » pour avancer dans la vie. Il évoque des actions à faire qu'il demande de concrétiser, en suggérant certaines manières, certaines façons d'y parvenir. Il invite à oser, à se lancer, à construire, à vivre ce qui se présente dans une réelle incarnation ou matérialisation de ces actions, ces réalisations personnelles qui sont différentes pour chaque signe.

* **De l'autre côté, la Maison représente le « dans quoi ».**

Elle sert de cadre, de lieu, d'espace pour les actions proposées et indique l'endroit, le domaine idéal où peut se tenter, se vivre telle ou telle expérience, telle ou telle construction, telle ou telle réalisation. D'une certaine manière, elle pose le décor ou la structure de l'école proposée, chacune concernant un domaine particulier.

Ces diverses «Écoles de vie» restent à la disposition de la personne pour avancer sur son chemin «d'en-vies».

Finalement, le zodiaque, accompagné ou sous-tendu par les Maisons astrologiques, vous invite à vous mobiliser pour amplifier votre mieux-être et ainsi améliorer votre vie sur tous les plans.

Il n'est pas question de ce qui «EST» ou «ce qui est fait», mais plutôt de ce qui est «à faire», ou de ce qu'il vous est proposé de faire.

C'est à vous de décider. C'est à vous d'oser ou non, en fonction de votre plus ou moins grande conscience, ou de votre plus ou moins grande ignorance.

D'où l'importance, dans la pratique astrologique de l'entretien avec la personne qui permet de la situer et de préciser son vécu personnel.

À noter

Toute interprétation sans dialogue, ou entretien avec la personne est sans intérêt, ET même parfois dangereux, polluant ou dommageable.

Et surtout cela n'aide pas l'autre à se mettre en route vers lui-même, vers l'essentiel ou le meilleur en lui, la tâche fondamentale étant de devenir plus conscient à tous les niveaux de son existence.

On ne peut réaliser cela qu'en vivant toutes les expériences proposées par la vie et en rencontrant ensuite votre propre pouvoir, beaucoup plus grand qu'on ne peut l'imaginer au départ d'une quête vers soi-même !

La Maison I

Elle évoque cette « **École du moi** », cet apprentissage à « être soi » si nécessaire pour la construction personnelle.

Elle vous invite à développer la conscience de vous-même, à cultiver votre identité propre et à mieux répondre à la question « Qui suis-je ? »

En vous connaissant mieux et en dialoguant avec l'essentiel en vous-même, vous pourrez agir ensuite de façon plus juste et plus responsable dans votre vie tout en cultivant le sentiment d'être unique et différent des autres, en particulier de vos proches dont vous n'êtes ni le clone, ni la marionnette, ni le répétiteur !

La Maison II

Elle évoque cette belle « **École de la gestion du corps** » et de conscientisation des outils personnels à disposition.

En effet, cette maison vous offre un cadre d'apprentissage ou de compréhension de ce qui vous est offert pour avancer dans la vie et être plus en accord avec vous-même.

Elle pointe les moyens que vous pouvez utiliser pour réussir dans votre vie.

Cette maison représente le domaine de vos dons, et de tous les instruments dont il vous reste à faire l'inventaire, pour ensuite les valoriser et vous enrichir intérieurement et extérieurement.

Le premier niveau ou première étape de cette école étant votre corps, il vous est demandé ici d'apprendre à affiner la conscience que vous avez de votre « véhicule terrestre » (véhicule corporel) pour mieux le connaître et être au courant de ses belles possibilités.

Vous pouvez en parallèle d'élargir cet inventaire à tous vos autres moyens comme par exemple, vos biens matériels futurs plus ou moins importants (maison, voiture, fortune, etc.)

Remarque générale

Chaque maison, chaque école propose différents niveaux d'apprentissages. Une classe suit l'autre, au sein d'une belle progression comme en judo où on passe de la ceinture orange, à la suivante, puis enfin à la ceinture noire. Ainsi, chaque maison vous fait des propositions d'étude, d'acquisition de savoir-faire, de savoir-être, et de conscientisation différents en fonction de la tranche d'âge dans laquelle vous vous situez, et aussi de la conscience que vous avez acquise ou non des choses et des êtres, et surtout de vous-même !

La Maison III

Elle évoque cette « **École de découverte, de curiosité et de rencontre** » qu'il vous reste à suivre, à utiliser et vous offre un beau cadre pour apprendre à mieux découvrir et comprendre votre environnement humain et matériel, vous ouvrir à vos proches et entrer en contact avec ce qui vous entoure. Par exemple, être curieux de connaître de plus en plus de nouveautés autour de vous, développer vos capacités psycho-cognitives...

Ce domaine est à votre disposition pour vous permettre de développer votre intelligence des choses et des êtres qui vous entourent.

En résumé, cette maison représente le lieu où vous pourrez faire vos classes en matière d'échanges avec ce qui vous est extérieur.

La Maison IV

Elle pose le cadre de votre « **École du terrain** », c'est-à-dire le lieu d'apprentissage et de conscientisation de votre base personnelle. Une base constituée de vos racines familiales, de vos origines nationales, ethniques, religieuses, culturelles, de votre foyer, de votre lieu de vie.

Ce domaine est à votre disposition pour acquérir votre propre sécurisation, propice à une meilleure éclosion de vos richesses intérieures, et à un éveil du meilleur en vous-même, et pour acquérir les éléments qui vous sont, ou seront nécessaires pour favoriser votre évolution personnelle, et la dynamisation ou le développement de votre vie intérieure.

La Maison V

Elle évoque cette « **École d'extériorisation** » où vous êtes invité(e) à apprendre à vous exprimer vraiment, c'est-à-dire à manifester ce que vous avez construit dans les maisons ou écoles précédentes (de 1 à 4), en exprimant ce que vous êtes devenu, par tous les moyens que vous choisissez ou que vous avez à disposition. Par exemple des talents artistiques, dessin, musique, danse, peinture, sculpture, écriture ou des dons pour le sport, le jardinage, le massage, la cuisine, etc.

Ce domaine vous invite à développer votre capacité à montrer ce que vous savez faire, à valoriser vos atouts.

C'est un cadre ou un lieu où vous pouvez faire la preuve de votre ou de vos spécialités les meilleures au service de votre belle image personnelle.

La Maison VI

Elle évoque « **l'École du perfectionnement** », là où vous pouvez apprendre à améliorer vos dons ou à vous améliorer vous-même.

C'est par exemple dans cette maison que l'élève cherche et trouve un Maître. C'est aussi là où il peut vous être demandé de faire vos comptes, de vous soigner, d'affiner vos possibles, en un mot de concrétiser les corrections ou bonifications nécessaires à votre quotidien.

Par exemple : classer, ordonner, mesurer, affiner, revoir, reconsidérer, se discipliner, etc.

Pour vous améliorer, vous pouvez utiliser les outils ou pratiques cités dans la maison précédente : pratiques artistiques, pratiques corporelles (yoga, relaxation, massage, bien-être, sport, etc.).

Sans oublier de vous soigner, de vous reposer, ou de faire un régime !

À noter

Si en Maison V, vous n'avez pas été à la hauteur, avez fait des excès ou n'avez pas été satisfait de vos expressions ou créations, il vous reste à revoir, ou à rattraper les choses ici en Maison VI...

Par exemple : retravailler votre technique ou accroître votre confiance insuffisamment développée précédemment.

La Maison VII

Elle évoque cette « **École de la rencontre** », apprendre la meilleure façon de réussir sa rencontre de l'autre, ami, colocataire, associé, partenaire, ou âme sœur..., cet autre avec qui on se lie, ou s'engage, sur un plan ou un autre de préférence d'égal à égal ! Ce qui n'est pas toujours le cas de toutes les rencontres soi-disant amoureuses !

Certaines concerneront la Maison V avec une projection de soi sur l'autre ou les Maisons II et VI dans une relation maître/esclave, ou la Maison XI où un des deux n'est pas à la hauteur de l'autre, socialement, financièrement, psychologique ou spirituellement.

Ces exemples n'empêchent pas la rencontre ou l'affection, mais ne sont pas à classer en Maison VII, car il n'y a pas miroir ou égalité, ce qui est ici souhaitable.

À noter également qu'il existe plusieurs sortes d'amitié…

Une belle école pour prendre conscience de qui vous êtes, en vous servant de ce que l'autre peut vous renvoyer ou éveiller en vous, l'idéal étant ici de rencontrer quelqu'un avec qui ne se passe ni projection, ni dépendance, ni manipulation, où chacun reste libre et autonome et n'a aucun droit sur l'autre, sans besoins à combler !

La Maison VIII

Elle évoque cette « **École du partage** » qui invite à faire participer l'autre, qui a pu être rencontré en Maison précédente.

Ce domaine peut concerner diverses activités, y compris le vécu sexuel.

Il vous est demandé de « faire ensemble », de mettre en mouvement, de concrétiser avec l'autre ou les autres auxquels vous vous êtes déjà engagé.

Cette Maison concerne votre « adaptation sociale » où il vous est demandé de commencer à développer votre conscience collective. Elle offre l'opportunité d'apprendre les codes sociaux, de se situer par rapport aux tabous. C'est ici qu'on adhère au convenu ou pas, au traditionnel ou pas…

« *Je ne fais pas les choses uniquement pour moi et ma survie, mais aussi au service du groupe, ou pour la survie du groupe* », chose qu'en général un petit enfant ne sait pas faire.

La Maison IX

Elle évoque « **l'École de compréhension** ».

Cette Maison est à votre disposition pour vous apprendre à intégrer le sens de ce que vous avez rencontré et partagé dans les Maisons précédentes.

Vous êtes invité à ouvrir votre esprit et votre conscience, au-delà des apparences et des petites habitudes ou visions limitatives et conventionnelles du petit monde étriqué ordinaire. C'est un cadre lié à la philosophie, à la psychologie, à l'astrologie, à la numérologie, et d'une manière plus large aux sciences humaines.

Elle représente « l'École des hautes études », et demande réflexion, apprentissage de l'humain et compréhension de ce qui sous-tend sa vie et ses idéaux.

Cette Maison concerne aussi l'étranger qu'il est proposé de connaître et de comprendre.

En résumé

Cette Maison vous invite à développer votre « ouverture de conscience » la plus large possible c'est-à-dire en vous éloignant des habitudes ou pratiques répétitives ou stéréotypées, pour favoriser en vous de belles capacités de lucidité et de sagesse.

La Maison X

Elle évoque « **l'École du pouvoir social** ».

C'est ici qu'il vous est demandé d'exercer votre profession, de vous engager socialement parfois en tant qu'acteur important de la vie publique, politique, syndicale, ou associative. C'est le lieu de votre vocation, là où vous pouvez laisser votre trace.

Cette Maison est un beau lieu d'apprentissage, pour mener au mieux votre « mission dans la société » en sachant vous débrouiller au mieux dans la « jungle sociale et professionnelle »...

C'est ici que vous êtes invité(e) à gagner seul(e) ce que vous construisez, c'est-à-dire gagner l'argent que vous méritez vraiment par votre propre travail et non l'argent qu'on vous donne sans contrepartie, comme un jouet à un enfant.

En résumé

Cette Maison est l'endroit où vous pouvez affirmer votre pouvoir de réalisation au sein du groupe social, où vous vous occupez d'installer votre pouvoir ou de créer de la richesse, en vous investissant réellement dans votre profession ou votre vocation...

La Maison XI

Elle évoque « **l'École de la critique constructive** ».

Il vous est demandé ici d'apprendre à pratiquer de belles et lucides remises en question concernant ce qui est pratiqué dans la Maison précédente.

Cette Maison vous invite à développer une vision nouvelle de la société ou à imaginer des réformes salutaires.

Elle vous encourage à vous lier avec d'autres pour avoir plus de poids et d'efficacité au sein de ces « révolutions futures ». Elle vous propose de vous engager pour défendre les droits sociaux de certains groupes ou associations (syndicats, Restaus du Cœur, Médecins du Monde, etc.).

C'est ici le lieu de l'élaboration et de la mise en œuvre des idées sociales nouvelles pour esquisser et promouvoir une société plus juste et plus solidaire...

La Maison XII

Elle évoque « **l'École du bilan fructueux** ».

Il vous est suggéré ici d'apprendre à faire le ou les bilans nécessaires pour passer à la suite, pour préparer le futur, et ensuite se rapprocher d'un bel épanouissement personnel et collectif.

Cette Maison invite à vous entraîner à faire le point, de façon lucide et consciente en utilisant les erreurs ou échecs du passé pour en tirer des enseignements ou des prises de conscience très utiles pour apprendre à bien terminer, à faire le vide et à mieux accueillir et déguster la nouveauté... et tous les nombreux cadeaux de la vie !

Ici, il est suggéré de ne pas fuir devant l'obstacle ou la nécessité de bilan, de clarification ou de nettoyage intérieur et extérieur en regardant les choses en face...

Une belle école pour se « **libérer du passé** » en l'utilisant comme un précieux terreau, pour faire ensuite pousser de belles fleurs... Plus vous vous sentez ici écrasé ou alourdi, plus il vous est conseillé d'effectuer un grand nettoyage.

Il ne tiendra qu'à vous, que cette Maison XII vous soit douce et jouissive. À vous donc de boucler ici la boucle avec conscience, cœur et sagesse. Et la vie vous le rendra au centuple !

RÉSUMÉ DES PROPOSITIONS DES MAISONS

MAISON I	Mon identité. Mon image. Ma conscience de moi. Mon ego. Ma « persona ».
MAISON II	Mes avoir. Mes possessions. Mes outils. Mes biens. Mes dons personnels.
MAISON III	Ma pensée concrète. Mon sens pratique. Mes études de base. Ma conscience de mon environnement. Mes relations proches.
MAISON IV	Mon foyer. Mes racines. Ma base de construction personnelle. Là où je peux trouver ma place.
MAISON V	Ma créativité. Mon expression. Et toutes formes d'extériorisation : arts, sports et littérature.
MAISON VI	Ma transformation. Mon perfectionnement concret au quotidien. Ma purification. Ma façon de prendre soin de moi et des autres.
MAISON VII	Ma rencontre avec l'autre comme miroir de moi-même. Mes associations. Mon couple.
MAISON VIII	Ma capacité à « faire ensemble », à deux ou à plusieurs. Faire l'amour. Faire des affaires plutôt en groupe.
MAISON IX	Ma manière de comprendre l'abstrait. De donner un sens, de m'ouvrir à l'inconnu ou l'étrange. Régir, organiser la société.
MAISON X	Ma vocation et mon rôle social. Ma participation active aux enjeux de la société. Exercice du pouvoir social.
MAISON XI	Ma capacité à réformer, transformer ce qui a été fait en Maison X. Aider à l'avènement d'un monde meilleur…
MAISON XII	Ma façon de faire mon bilan et ménage intérieurs. Dissoudre ou jeter ce qui est périmé pour faire de la place à du neuf.

TROIS EXEMPLES D'INTERPRÉTATIONS

En Astrologie, rappelons-le, les pistes, suggestions ou interprétations offertes au consultant ou à la personne en général, ne restent que des invitations faites à celle ou celui qui est concerné par le thème, et en a fait la demande (pas de thèmes dans le dos des gens, pas d'intrusion dans leur « intimité » sans leur plein accord !).

Tant qu'il n'y a pas d'entretien direct avec cette personne, mesure indispensable pour une pratique éthique et responsable de l'Astrologie, il reste impossible de décrire un comportement, de faire un portrait réel de cette personne. Ce serait « une escroquerie mentale » et un non-respect de son être…

Il est indispensable d'échanger verbalement avec la ou le « propriétaire du thème » afin de mieux situer cette personne en s'appuyant sur ses dires et son témoignage le plus juste et le plus honnête possible. La tendance étant souvent d'enrober les choses ou les évènements de façon parfois involontaire… voire inconsciente !

Tout dépend des choix qu'elle a faits ou non précédemment dans sa vie, et surtout du niveau de conscience qui est le sien au moment du thème-entretien.

En effet, les pistes, suggestions ou « conseils » proposés ne seront pas les mêmes en fonction de ces éléments-là de sa vie et de son cheminement personnel.

Parfois, certaines personnes semblent complètement étrangères à ce qu'est censé décrire leur thème. Ce qui relativise donc toute description a priori, toute soi-disant vérité irréductible du thème.

Plus la personne est consciente de la manière dont elle « joue » la Maison ou le domaine concerné, plus on pourra affiner les pistes, plus les propositions de l'astrologue pourront être utiles et pertinentes.

Tant de gens vivent dans des automatismes qui ne leur correspondent pas et se retournent contre eux, marchent à côté de leur beau chemin, ou nient leur vraie nature que l'astrologue a de quoi faire de bons et beaux accompagnements psychologiques et humanistes !

Dans nos exemples concernant les Maisons dans les Signes, un des buts principaux est de proposer au consultant de prendre mieux conscience et de se servir plus largement des qualités du Signe en question qui régit la Maison.

Si on laisse faire automatiquement les choses, la personne aura tendance à vivre plutôt les défauts du signe que ses qualités comme une sorte de schéma. Il arrive alors que certaines négativités propres aux ancêtres se manifestent à ce niveau.

Dans tous les cas de figure, plus une Maison est bien régie, plus on s'oriente vers un comportement personnalisé et non un fonctionnement reproduisant les conditionnements culturels et collectifs censés répondre aux attentes des autres.

Pour aider à s'individualiser et à devenir plus pleinement soi-même et découvrir ses vrais désirs, une belle adéquation entre Maison et Signe reste une piste salutaire, une belle œuvre ou un engagement à tenter !

Une petite illustration

Dans l'exemple à venir de Juliette, sa Maison VIII en signe du Capricorne ne lui demande pas, dans les groupes, de s'épancher et de se noyer dans ses larmes. Cela, elle ne le peut pas, ou alors en forçant les choses bien au-delà de sa vraie nature.

Elle aurait sa Maison VIII en Gémeaux, la proposition serait bien différente et on ne l'arrêterait probablement plus dans ses élans émotionnels.

Aussi, il est suggéré à Juliette de vivre pleinement les caractéristiques de Capricorne plutôt que de se juger négativement ou de se poser en victime d'un fonctionnement qui n'est vraiment pas le sien !

Il lui reste à se servir des qualités évoquées par le Capricorne, c'est-à-dire d'oser sérieux, précision, clarté, maturité, dans le domaine de la gestion des groupes et de l'engagement dans des rôles de leadership ou de prises de pouvoir.

En faisant passer son point de vue de façon bien positionnée et personnalisée sans imiter qui que ce soit ou quoi que ce soit, elle favorisera son épanouissement dans ce domaine avec conscience des choses et responsabilité tout en tenant compte de l'impact de ses actions et décisions sur les autres, en sachant peser ses mots et en restant lucide sur leur importance pour les personnes qui l'entourent ou sont sous ses ordres.

EXEMPLE N° 1

Juliette

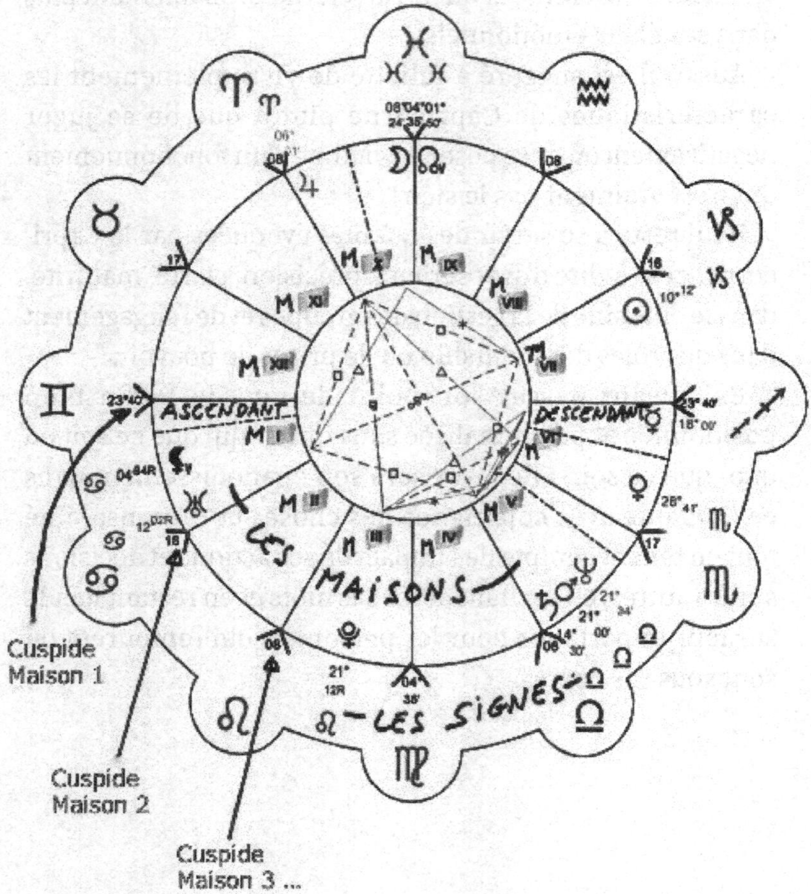

Juliette

Et si Juliette pouvait nous parler, témoigner…

Maison I en Gémeaux

Je me sens bien moi-même quand ma curiosité est active.

J'apprécie d'avoir à me débrouiller seule lorsqu'il me faut trouver rapidement la solution à un problème.

Devoir la chercher me secoue et provoque chez moi un certain plaisir…

En général je me sens plutôt performante dans tous domaines. C'est toujours pour moi un jeu jouissif d'argumenter. Convaincre me dynamise et revêtir l'habit du Camelot m'amuse beaucoup ! Je sais formuler le bon « baratin » pour parvenir à mes fins quitte à changer d'avis ou de ligne « défense » aussi vite !

J'aime le léger, le gai, le fleuri, tout ce qui papillonne et me donne une sensation de jeunesse. Et j'ai tendance à me sentir dans la peau d'une éternelle adolescente.

Je suis très douée pour faire, à l'occasion, l'avocat du diable.Défendre une cause et m'y opposer le lendemain peut faire partie de ma gymnastique mentale. Ce genre de pirouette m'amuse et me ravit.

Maison II en Cancer

Je tiens en tout premier lieu à ma sécurité, surtout concernant mon lieu de vie, ma zone de confort.

Je cherche à bien gérer ce que je possède et fais tout pour garder intacts mes petits ou gros avoirs qui restent mon port d'attache.

Sachant qu'une de mes belles qualités est ma grande sensibilité, j'essaie de m'en servir de la façon la plus utile et la plus efficace. Elle me permet par exemple de savoir très vite à qui j'ai affaire face à une personne inconnue.

Je peux aussi rapidement capter les énergies de certains lieux. Lire à l'instant les intentions des personnes relève d'une pratique intuitive qui m'a été offerte par la vie. Une sorte d'instinct animal finalement sympathique quand j'ose m'en servir librement.

J'ai une forte capacité à pressentir le danger, ce qui m'est parfois inconfortable, surtout dans un environnement où domineraient des règles de préséances ou de politesse trop exigeants.

Il peut aussi m'arriver de ressentir une certaine inquiétude au fond de moi dans ces instants-là, une sorte d'angoisse) dont j'ignore parfois l'origine.

Finalement, j'ai à ma disposition un outil précieux grâce à cette possibilité de « radar » émotionnel. Un atout très utile pour me préserver tout comme mes biens et mes avoirs en général, un allié pour m'aider « à flairer la bonne affaire » et savoir avec qui la concrétiser.

Maison III en Lion

Aux jeux de l'esprit, j'aime bien être la meilleure. J'apprécie qu'on sache que je suis vraiment intelligente et je fais tout pour le démontrer.

Quand je rencontre quelqu'un, c'est « royalement », c'est-à-dire avec aisance, avec prestance et énergie solaire.

J'aime donc être honorée dans mon rayonnement personnel. Et qu'il soit fait grand cas de ma belle présence !

Si on m'ignore, je risque de me vexer. Qui me manque de respect risque de le payer de mon mépris.

Aussi, finalement, il me paraît essentiel d'être appréciée et valorisée par mon environnement humain, sans oublier l'importance de mon intellect brillant lorsqu'il s'agit de rencontres amicales ou professionnelles.

Maison IV en Vierge

J'adore le plancher des vaches et j'aime rester au plus près de la nature pour m'y retrouver. Aussi, jardiner, toucher la terre, planter des arbres me donne du courage et m'évite de « me planter » dans ma vie.

J'aime semer à tout vent pour récolter ensuite du bon, du bio, du naturel. En mettant ainsi les mains dans la terre, j'ai l'impression de retrouver mes racines et de mieux trouver ma place dans l'arbre généalogique. C'est ma manière de trouver et de solidifier ma base d'incarnation en me sentant ainsi « enracinée ».

J'aime par ailleurs que les choses soient bien fonctionnelles dans ma maison. Un bon rangement me remplit d'aise, de bonnes réserves me rassurent ! C'est mon côté écureuil ou fourmi comme vous voudrez) !

Mes placards pleins, je reste pleinement sereine.

En tous cas, je fais tout pour être propriétaire d'une maison confortable, pratique et simple, vierge de toute pollution électrique ou géologique.

Et quand j'y suis, j'y reste !

Maison V en Balance

Je me présente plutôt de manière classique. Je choisis un style qui peut convenir à tout le monde et laisse à d'autres le choix de l'originalité ou de l'excentricité. Le « Bon chic, Bon genre » me va très bien. Les « options spéciales » m'indiffèrent.

J'aime également me montrer dans la société sans faire de remous, sans me faire remarquer outre mesure. Je ne veux pas prendre le risque d'être critiquée. D'ailleurs, je ne suis pas du genre à supporter la moindre critique concernant mes propos et mes créations.

Restons « cool »... et plutôt snob !

Lorsque je m'exprime, c'est de façon calme et tranquille et si j'ai des contrariétés et des colères, je ne les exprime pas...

Je reste du genre « *Peace and Love* », surtout « *Peace* » !

C'est pourquoi je déteste les disputes, les conflits ou les excès de voix et bannis toute agressivité en cherchant à rester dans l'ambiance la plus harmonieuse possible. Ce qui je l'avoue n'est pas toujours facile !

Par ailleurs, j'aime pratiquer les arts. J'adore peindre et dessiner. Serait-ce pour me voir en peinture et m'orienter vers des desseins meilleurs ?

Côté sport, un peu de marche ou de natation tranquille me fait du bien. Comme vous l'aurez deviné, je fuis toute compétition. Du calme, du calme ! Est-ce à dire que je préfère le « sport en chambre » ?

Maison VI en Scorpion

Concernant mes activités au quotidien, j'ai surtout besoin de défis.

Puissants et variés, ils sont pour moi source de vraie motivation. Si le ménage, le rangement et même la cuisine au quotidien m'ennuient, je peux me lancer le défi de réussir un plat compliqué que je n'ai jamais fait ou me décarcasser au dernier moment lorsqu'un invité de marque vient dîner.

En résumé, je cherche à bannir le côté banal ou trop simple d'une action concrète pour vivre l'extraordinaire, de préférence tous les jours. Ce qui ne veut pas dire que « je marche à coup de pied dans les reins »... mais presque !

Oui, j'aime souffrir un peu, beaucoup, passionnément... pas du tout ? Allez, tout ce qui peut pimenter mon quotidien est bienvenu. Et ce n'est qu'un début car mon souhait reste de chercher ostensiblement à m'améliorer tous azimuts, à me transformer quoiqu'il en coûte !

Même si ça ne marche pas à tous les coups, le principal est de générer d'ultimes sensations de circulation d'énergie en moi-même et parfois autour de moi.

Finalement, mon slogan pourrait être de se « sentir fort » d'un bout à l'autre du cheminement. Sachant qu'il reste toujours un bout au bout du bout...

Maison VII en Sagittaire

J'aime rencontrer des gens passionnés comme je le suis. J'apprécie de partager avec eux mes passions comme l'astrologie, la psychologie, la philosophie, etc.

Pour cette mise en commun salutaire, il y a nécessité de discourir à propos d'un sujet précis, bien au-delà d'une discussion de comptoir afin que cet échange se révèle utile à une cause commune qui « réveille la conscience ».

J'ai besoin d'explorer avec dynamisme tant mon petit monde intérieur que le monde qui m'entoure.

Je peux m'engager à vie avec quelqu'un, ou un simple associé, à la condition qu'il y ait un but ou des intérêts communs clairement définis, ou finalement une passion commune, une flamme de l'esprit, bien entretenue...

Dans l'engagement à deux, j'ai fortement besoin de parler, d'échanger des idées, des points de vue, et surtout des connaissances. Toujours à propos de ce qui me plaît vraiment, ou de ce que je recherche afin de donner un sens profond à ma vie.

Aussi, je le redis ; discuter de la pluie et du beau temps avec les voisins, ou avec le facteur n'est pas vraiment ma tasse de thé, ce qui me fait paraître pour certaines et certains un peu mystérieuse ou trop « sélective » !

Maison VIII en Capricorne

Ma spécialité est surtout de gérer l'organisation des autres. Je me sens bien dans ma peau lorsque je m'engage dans une préparation concrète ou une mise en œuvre de projets d'un ou pour un groupe.

Faites-moi confiance, côté intendance, je peux me révéler « Régisseuse en chef » !

En effet, en me mettant et en restant en position de leader, de cheffe d'équipe, je peux être très efficace et performante. Il faut simplement me laisser la libre direction des opérations, et surtout, ne pas vouloir décider pour moi ou interférer dans ma stratégie de bon agencement ou d'administration.

Je ne cherche pas le pouvoir pour lui-même et le partager ne me gêne pas… mais j'aime que les choses soient faites selon les règles que j'ai décidé d'établir !

Il y a simplement une nécessité de rester dans les cadres de « mes exigences personnelles ». Et tenez-vous-le pour dit !

Mon fonctionnement peut paraître un tantinet « rigide » ou trop exigent. C'est que je déteste le flou artistique, et que je fais tout pour que mon goût de l'ordre soit respecté, quitte à déplaire à certains !

Aussi exactitude et ponctualité font partie de mes petites ou grandes exigences. Le respect des horaires va, pour moi, de pair avec le respect des autres et de moi-même !

C'est pourquoi, j'aime œuvrer avec des gens responsables qui apprécient que les choses soient « carrées » tant que faire se peut.

Maison IX en Verseau

Les choses peu communes m'intéressent. Tout ce qui peut revêtir un côté original ou curieux attire mon attention.

J'ai toujours envie de découvrir mille choses, quitte à papillonner allègrement !

Tant que je reste en dehors des sentiers battus, je ne me laisse pas abattre. J'aime traîner mes guêtres là où personne n'a jamais été et les chemins de traverse n'ont plus de secrets pour moi.

D'une manière générale, je cherche toujours à comprendre les tenants et les aboutissants de toutes choses, afin de donner un sens aux évènements et aux actions collectives.

Chaque matin, je me lève du bon pied pour aller trouver un but à mon existence… Parfois en me dirigeant vers le premier gourou venu ou la dernière secte à la mode alternative !

Mon désir, finalement, est surtout d'expérimenter mes idées lumineuses comme système d'organisation humaine ou théories « fumeuses » !

Il me reste à mettre réellement en pratique ce que je prône, ce que j'ai découvert ou appris pour éviter de « verser » dans le versatile ou le futile fût-il enrobé de couleurs nouvelles ou de fausse image de révolution…

J'ai beau avoir tout lu, tout vu, je peux avoir intérêt à rester modestement lucide sur mon vrai rôle dans mon environnement humain.

Maison X en Poissons

J'ai l'ambition de faire beaucoup de choses, mais je ne sais pas lesquelles !

Il semble que j'ai une multitude de talents du style, gestion financière, enseignement, psychologie, créativité, main verte, contact et communication avec les animaux, cuisine, médiumnité, etc. Y a de quoi faire ! Mais que faire ?

Mon problème, c'est de choisir devant une pléthore de possibilités et de dons.

Il m'arrive donc de tester ou de faire plusieurs métiers, de m'engager dans des activités diverses et variées pour finir par comprendre qu'il faut surtout que je suive les élans et les messages de mon cœur. Je peux alors facilement et avec plaisir, passer d'une activité à une autre sans problèmes en me laissant guider par les suggestions de mon plaisir le plus profond, le plus authentique !

En résumé, écouter mon cœur, plutôt que ma tête reste le plus profitable au fil de mon cheminement d'évolution personnelle.

Lorsque je finis par trouver ce qui réunit toutes ou une grande partie de mes compétences personnelles, je peux me réjouir et remercier la vie...

Maison XI en Bélier

La remise en question de la société, c'est mon cheval de bataille. Loin d'avoir à réaliser les douze travaux d'Hercule, je ne recule cependant pas pour entraîner les autres dans un combat collectif.

Je me sens douée pour stimuler et réveiller surtout celles et ceux qui restent endormis par la « propagande d'état » ou le conditionnement culturel ambiant, ce grand troupeau qui suit au lieu de penser par lui-même !

En effet, mon rôle serait plutôt d'être le moteur de cet environnement un peu soumis ou suiveur, d'être là pour « animer ou allumer le feu », à dynamiser l'esprit de contestation chez les autres et favoriser certaines remises en causes.

Je n'hésite pas à « mettre les pieds dans le plat » lorsque les autres se goinfrent d'idées toutes faites ou médiatiquement formatées.

Aurais-je tendance à jouer le « Coach » pour dire à tout un chacun : « Vous êtes en train de vous faire avoir... bougez-vous ! »

Il semblerait que je ne sois là que pour jouer le rôle du trublion de service ! Il est vrai que l'objet du combat, ensuite et finalement, m'importe peu, ou ne me concerne plus !

Ma spontanéité naturelle à « soulever le voile » de la soumission et de la bêtise est ici un de mes atouts.

J'aime « remuer la pulpe du fond ». C'est là que résident toutes les vitamines !

J'adore alerter les autres, les groupes, par mes beaux et retentissants signaux d'alarme. Devrais-je être une influenceuse ?

Il restera bien sûr aux « alarmés » de « faire le job », là où ils sont, et comme ils le souhaitent.

En résumé, je suis souvent la première à oser et à faire ce que les autres n'auraient même pas imaginé ou tenter de faire ou de dire.

Il paraît que c'est le propre des pionniers de faire le ménage ou de démolir la confiance naïve de celles et ceux qui pourraient rester coincés ou limités par soumission ou par paresse aux conditionnements ambiants. Et qui surtout ne voudraient « rien changer ».

Allez ! Une petite flamme du combattant pour démarrer le ou les Jeux olympiques ?

Maison XII en Taureau

J'aime bien régulièrement faire mon bilan intérieur. Ces petites ou grandes mises au point avec moi-même, histoire de faire un peu le ménage dans les profondeurs de ma terre ou de mon corps.

J'aime prendre le temps de cette introspection et j'ai besoin de me poser, au cœur de mes ancrages pour ce travail intérieur. C'est ma manière d'oser ma « force tranquille »...

J'ai besoin d'envisager un style de thérapie, ou une méthode douce et sécurisante. En effet, il peut être difficile pour moi de bousculer, d'abandonner certaines de mes vieilles habitudes ou vieux schémas, auxquels j'ai tendance à rester accrochée.

Lâcher mes vérités dépassées me prend du temps. C'est lentement, mais sûrement que mon mental peut accepter certaines remises à jour.

Aurais-je tendance à répéter les mêmes erreurs, croyant être sécurisées par des habitudes trop figées ? Parfois la vie me souffle : « *Allez saute !* »

Il m'arrive de comprendre, finalement, que les sensations de mon corps peuvent s'avérer plus justes que mes chères pensées, celles-ci ayant tendance parfois à me raconter des histoires.

Il m'est ici proposé d'apprendre à me détendre, à cultiver un certain lâcher-prise, en restant bien à l'écoute de toutes mes sensations dans une belle présence aux messages de mon corps ici et maintenant.

En résumé, tout ce qui a trait à la méditation, la marche, le cocooning, voire le massage et les soins du corps, peuvent m'aider dans cette introspection ou dans une meilleure relation avec mon vrai moi.

Ainsi, l'amour de moi-même peut devenir ma voie royale. L'écoute du meilleur en moi reste une bonne et savoureuse méthode au service de mon épanouissement intérieur.

EXEMPLE N° 2

Pierre

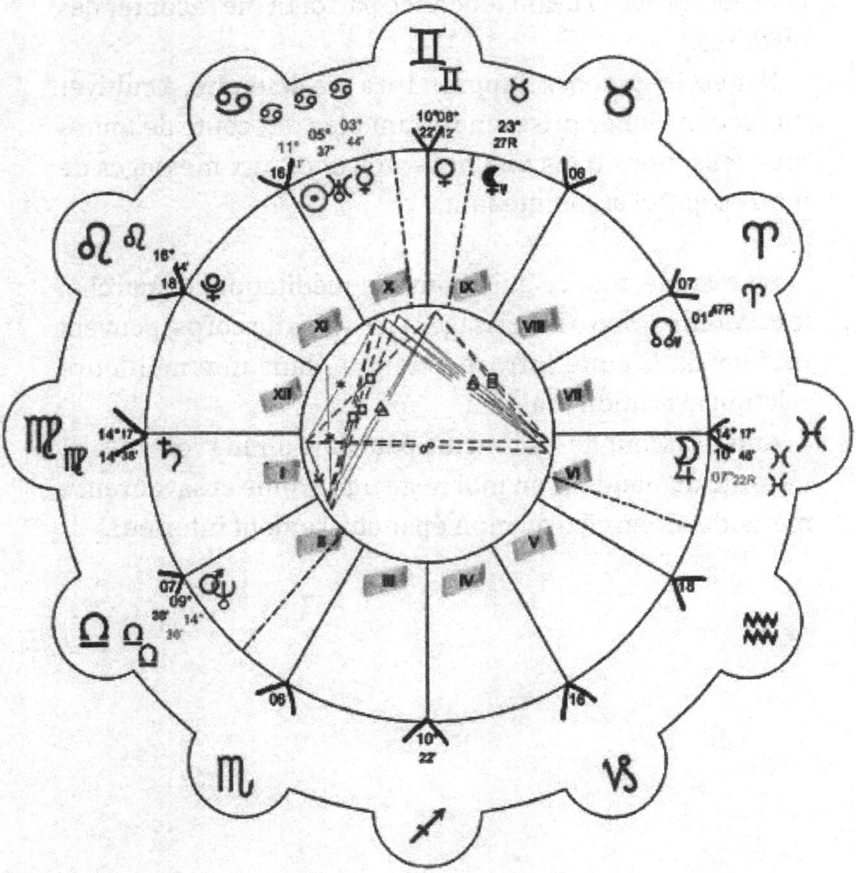

Pierre

Laissons la parole à Pierre pour nous témoigner succinctement de sa façon de vivre ses Maisons.

Maison I en Vierge

Je me sens vraiment exister quand j'ai affaire à des choses ou à des situations carrées et ordonnées.

J'ai la sensation que je suis moi, réellement moi, quand je m'occupe concrètement de ma terre, de ma propriété, quand j'entretiens bien mon « cadre de vie ».

Dans tous les domaines, j'aime que les éléments en jeu ou les situations soient clairs et précis et restent bien classés, bien hiérarchisés. Je m'éloigne donc de ce qui me semble « flou », voire peu crédible. Par exemple, je me méfie beaucoup des diverses activités de voyance et critique toutes les prévisions. Serait-ce mon côté cartésien qui montre son nez… et sa lucidité ?

En résumé, je privilégie ce qui me semble vraiment utile et fonctionnel, ce qui « marche bien », ce qui a fait ses preuves. Il est difficile de me faire croire n'importe quoi ou me « balader » dans des mirages mentaux ou des discours aléatoires…

Maison II en Balance

En ce qui concerne plus particulièrement mes biens et mes avoirs, je vais avoir tendance à les gérer de façon assez classique ou conventionnelle. J'ai ici besoin d'harmonie et de paix.

J'aime quand les choses avancent ou se construisent tranquillement, sans remous et sans mauvaise surprise. Par conséquent, je déteste les changements de dernière minute, les retards, les incidents de parcours. J'ai à ma disposition des dons artistiques qu'il me reste à mettre en œuvre comme le dessin, la peinture, la photo, et tout ce qui concerne la musique, les ambiances, l'architecture intérieure, etc.

Ma priorité, c'est que tout soit beau et agréable à mes cinq sens.

Maison III en Scorpion

D'une manière générale, les études m'ennuient, surtout celles qui me seraient « obligatoires » et dans un cadre classique ou par trop rigide.

Je fuis donc les cursus habituels et me passionne pour d'autres aventures ou découvertes beaucoup plus « hors cadre », plus intenses et plus « transgressives ».

Mon intellect a tendance à ne se mettre vraiment en marche qu'à coup de provocations.

Je dispose d'une intelligence très perspicace et il peut m'arriver de deviner facilement les pensées des autres. C'est mon côté « Psychanaliste ».

Ai-je les capacités d'un bon psychologue clinique ? C'est probable. Mais surtout pas dans un cadre ou une institution classique.

Je ne confonds pas « bonne conscience » et ouverture ou prise de conscience. Le politiquement correct à ce niveau ne m'inspire pas vraiment !

Par ailleurs et par exemple, il me faut une sérieuse motivation pour me déplacer dans un musée ou lieu culturel classique car les choses ordinaires m'ennuient fortement. J'ai besoin de stimulation forte ou de défi remarquable !

Maison IV en Sagittaire

Si j'en ai la possibilité, je choisis d'habiter à l'étranger et de découvrir d'autres peuples, d'autres cultures, d'autres « mondes ».

J'aime les voyages d'études, c'est en enseignant, en transmettant que je retrouve mes racines familiales qui comptent plusieurs éducateurs et formateurs.

D'une manière générale, j'aime le grand air. J'ai besoin d'ouvertures en tous genres ! Ne m'enfermez pas à l'ombre d'un clocher quelconque, ou d'une institution, qui pourrait me limiter ou me couper les ailes ?

Comme dit J.J. Goldman : « Envole-moi, envole-moi ! »...

Maison V en Capricorne

En ce qui concerne ma façon de m'exprimer, il est évident que j'aime être clair et précis.

Je veux être surtout responsable, en tous cas je m'y efforce vraiment, et je veux que cela soit reconnu et éventuellement récompensé. C'est mon petit côté « sérieux » et mon discours éthique le confirme. J'aime me montrer intègre et irréprochable.

Je n'aime pas les choses futiles, fussent-telles de joyeuses et belle fêtes, et comme dit Brassens, le défilé du 14 Juillet ne m'attire pas du tout et je me donne le droit de suivre seul mon « chemin de petit bonhomme »...

Je ne me passionne pas du tout, non plus, pour les sports collectifs, pas plus en tant que spectateur que dans la pratique. La seule exception reste un sport ou une activité, que je pratique seul et de préférence en montagne ou dans les hauteurs.

J'aime être auteur de mes propres activités ou entraînements physiques.

En résumé, dans le domaine de mon expression, je suis particulièrement vigilant quant à la portée des mots et à l'usage que je peux faire du langage.

Et surtout je ne mens pas et n'aime pas du tout qu'on me raconte des bobards ou des carabistouilles comme dirait mon oncle de Marseille !

Maison VI en Verseau

Concernant les tâches quotidiennes, je cherche à les faire à ma manière et avec une certaine fantaisie.

J'invente volontiers une nouvelle façon de faire le ménage ou de jardiner.

En ce qui concerne l'amélioration de ma vie et de ma santé ou tout simplement le travail sur soi, je ne peux choisir que des méthodes nouvelles et originales.

Si je m'engage dans un cheminement psychologique, c'est avec un psy peu classique ou d'avant-garde, afin de dépasser les vieux schémas en la matière.

Naturellement je souhaite tout réformer me concernant. C'est assez facile, mais il ne faudrait pas que cela reste uniquement une idée de changement, et que cela se cantonne uniquement au plan intellectuel.

Je reste OK pour « faire le ménage » et balayer mes idées périmées qui auraient pu rester accrochées à mes « vieilles disquettes » ou à mes schémas de pensées anciens qui m'ont plu et n'ont plus lieu d'être.

Mais pour passer à l'acte, il ne suffit pas de le vouloir... il faut le concrétiser et de préférence quotidiennement et pas uniquement au gré de mes envies.

Maison VII en Poissons

C'est de manière particulièrement intuitive que je rencontre les autres. J'ai un très bon « feeling » et je peux faire confiance à mes ressentis profonds dans une forme de « médiumnité appliquée »... Je peux me servir des nombreuses synchronicités qui s'offrent à moi et qui me guident sur le chemin.

C'est d'âme à âme que je me connecte à l'autre, surtout pour les « rencontres significatives, c'est-à-dire lorsque je m'engage sur le plan amoureux.

Lorsque quelqu'un m'importune ou cherche à me manipuler, ma meilleure défense est de « noyer le poisson »

Je suis passé maître dans l'art de m'adapter à des situations relationnelles variées. Je possède une certaine tendance à arrondir les angles et à bien « emballer les choses » avec finesse et souplesse. D'une façon générale, je sais jouer de mon charme personnel. J'ai une certaine faculté à fasciner, ce qui me permet de faire en sorte que l'autre se sente alors en phase avec moi, au niveau des sentiments et des ressentis. J'amène ainsi gentiment l'autre à une certaine ouverture. Ma « clé de voûte relationnelle » serait-elle une sorte d'envoûtement généreux ?

Maison VIII en Bélier

Dans le domaine de la gestion des groupes, je suis particulièrement bien loti. C'est pourquoi il serait dommage de ne pas m'engager à diriger des stages ou des animations en général.

Mon style à ce niveau est assez clair. Embarquer les autres dans la direction où je veux les emmener ! Je sais booster l'ensemble d'un groupe.

C'est avec aisance et plaisir que je dirige les autres, parfois au-delà d'eux-mêmes ou de leurs appréhensions ou blocages.

Mon enthousiasme m'aide à créer cet élan contagieux et je deviens beaucoup plus « coach » que thérapeute.

J'ai à ma disposition cette énergie pure que je peux facilement transmettre aux autres.

« Qui m'aime me suive !» aurait dit un certain général !

Maison IX en Taureau

Lorsqu'il s'agit de voyager vers une destination proche ou lointaine, j'ai tendance à bien prendre mon temps. Mes déplacements sont paisibles.

Au fil de ces périples, j'ai envie d'apprendre ce que je ne connais pas encore. Et cela lentement mais sûrement.

J'ai envie que ces aventures soient liées à un territoire ou à une terre particulière, et proches des gens du « terroir ».

C'est pourquoi je choisis plutôt de voyager avec mon sac à dos et chez l'habitant « woofing » ou parfois en travaillant d'escale en escale à la rencontre tranquille des éléments propres au pays traversé, de façon à bien intégrer ce que j'ai découvert ou vécu. Je fais également provision de beaux et bons souvenirs matériels ou photographiques.

Cela concerne les spécificités géographiques et humaines de chaque destination, mais également le plaisir de m'enrichir de diverses traditions et parfois de rencontrer de manière sympathique les chamans ou « sorciers » du coin...

Maison X en Gémeaux

Mon rôle social est fortement agrémenté par mon besoin de parler, de m'exprimer largement et parfois avec humour dans diverses situations de ma vie en société.

J'aime faire des conférences, et être applaudi par mon public. Je prends plaisir à écrire, et je peux rédiger plusieurs livres au ton très enjoué.

Mon « Milieu du ciel » m'invite à oser m'engager dans plusieurs choses à la fois, dans plusieurs métiers, parfois très différents les uns des autres. En bref, j'aime jouer avec la vie et ma ou mes professions en sont l'illustration.

On remarque assez vite mes dons d'animateur d'évènements ou de stages. Et, pour tout vous dire, j'aime que tout cela soit coloré, fleuri et surtout authentique et spontané.

Maison XI en Cancer

Concernant la remise en question de la société ou la capacité d'engager des réformes, je procède plutôt de façon intimiste. Vous ne me verrez pas en première ligne sur des barricades. Ma contestation est peu visible et peu bruyante. Les forces de l'ordre n'ont rien à craindre de moi !

Les grandes manifestations ou évènements où s'active la foule ne font pas partie de mes préférences. Je choisis plutôt de m'engager à deux ou trois personnes, avec des gens connus de mon environnement proche. C'est ma façon de me sentir en sécurité. Eh oui ! J'ai besoin de savoir à qui j'ai affaire avant de me lancer vraiment. Et le petit comité me va plutôt bien.

Si ma contestation paraît limitée, c'est à cause de ma grande sensibilité qui ne souffre pas « le bruit et la fureur » !

Maison XII en Lion

Lorsqu'il s'agit de faire mon ou mes bilans personnels, je choisis plutôt le côté théâtral. À ce sujet, j'aime montrer que je reste sûr de moi, et si je dois confesser mes « fautes » ou erreurs, c'est avec assurance, grandeur et beaucoup de justifications !

Il est vrai que je peux aussi avoir tendance à « en faire des tonnes » pour pas grand-chose...

Les thérapeutes, c'est certain, vont avoir du mal à me psychanalyser ou tout simplement à m'analyser. Il leur faudra être très compétents ! Comme je suis en général toujours content de moi, il sera difficile de trouver la faille ou de « percer l'armure » !

Piocher dans mon inconscient se révèle une tâche à laquelle on peut se livrer longtemps sans résultat significatif. Cela signifie que mon « théâtre intérieur » est bien protégé, et que seuls les petits malins peuvent y entrer... costumés !

EXEMPLE N° 3

Didier

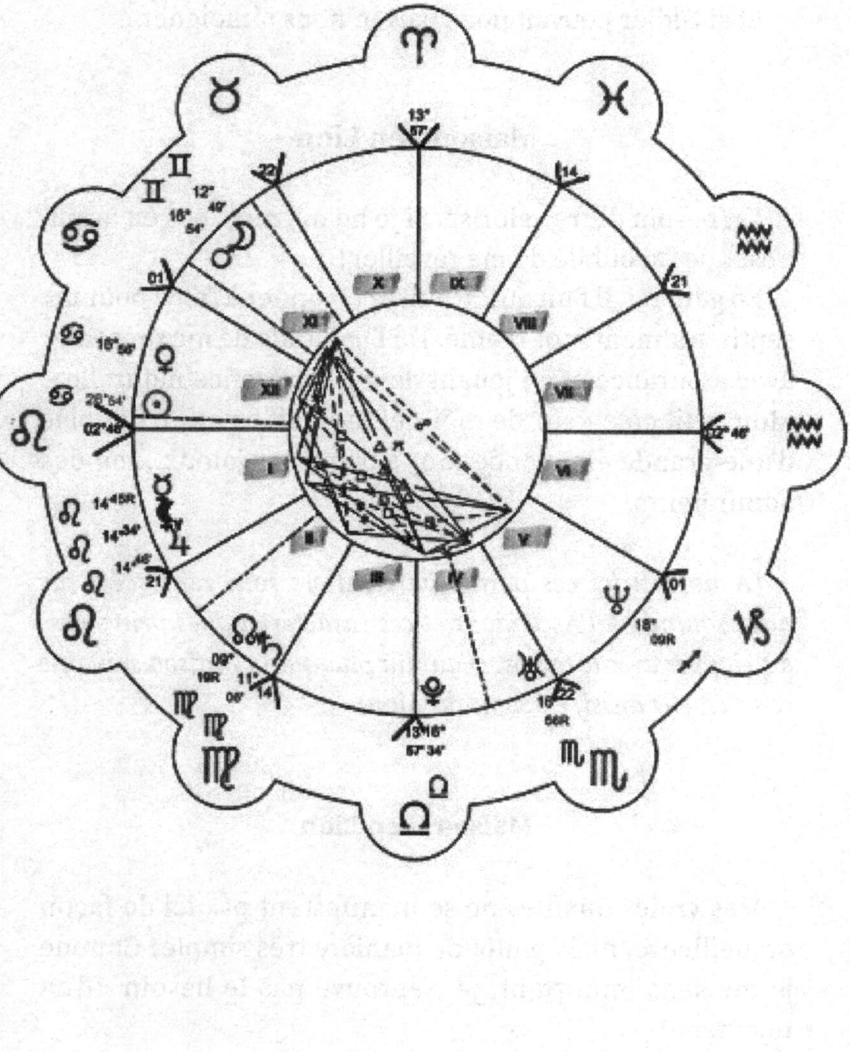

Didier

Et si Didier pouvait nous parler, nous témoigner...

Maison I en Lion

J'ai besoin d'être valorisé. Si je ne me mets pas en avant, c'est que j'ai oublié de me réveiller !

En général, il faut que je puisse rayonner à l'envi pour me sentir vraiment moi-même. J'ai l'habitude de me présenter avec assurance et en jouant de ma « présence naturelle ». Mon petit côté « sûr de moi » et mon affirmation doublée d'une grande éloquence font parfois des jaloux... ou des admirateurs !

(À noter : ici ces points particuliers sont renforcés, car nous sommes à l'Ascendant et ces caractéristiques peuvent se développer avec le temps. D'autant plus que la Maison suivante se situe, elle aussi, en signe du Lion).

Maison II en Lion

Mes vraies qualités ne se manifestent pas ici de façon orgueilleuse, mais plutôt de manière très simple ! Comme je me sens important, je n'éprouve pas le besoin « d'en rajouter » !

Je gère en général mes biens et mes acquis de façon magistrale. J'ai besoin d'avoir une grande maison et une grosse voiture. C'est un peu, pour moi, une façon de me valoriser aux yeux des autres.

Une personne remarquable comme moi se doit de posséder une aisance financière bien visible et ne pas cesser de l'accroître.

Fort de ma grandeur et de mon charisme personnel, je peux me montrer généreux et lorsque je donne ; c'est «royalement»!

Maison III en Vierge

J'aime que les choses qui m'entourent restent en ordre et bien rangées.

Je peux compter sur mes capacités à gérer le concret et à bien organiser mes actions et engagements personnels, mon intellect restant plutôt au service du «terre à terre» que de l'abstrait.

J'ai une bonne mémoire des lieux et des choses. Tout reste bien classé dans ma tête et autour de moi. Je m'oriente donc vers des études où domine le côté pratique.

J'aime ce qui est applicable, tout de suite, sur le terrain.

Ma liste de courses ou mon plan comptable sont des chefs d'œuvres en la matière...

Je reste toujours prêt à faire preuve de sérieux et de fiabilité en toutes circonstances. Mon côté «carré» et pragmatique se révèle un atout non négligeable dans ma progression personnelle.

Maison IV en Balance

Je fais tout pour vivre dans un cadre agréable où dominent l'harmonie et la beauté.

C'est pourquoi j'aime avoir une belle maison, paisible et charmante où je peux recevoir en toute quiétude des gens de qualité. Un décor « chic et classe » me va très bien. Le moindre photographe de goût aura envie d'y faire de nombreux clichés.

Maison V en Scorpion

D'une manière générale, je peux me révéler très secret.

En effet, je ne dévoile pas souvent mes « cartes » personnelles et il est difficile de me cerner car je ne montre pas facilement mes sentiments profonds.

En un mot, deviner mon monde intérieur reste un défi délicat, voire impossible. Mon mécanisme de protection intime est bien rodé et qui cherche une faille risque fort d'y passer la vie !

Mon pouvoir personnel est ainsi bien gardé. Il n'y a pas qu'au Poker qu'on ne peut pas voir les jeux !

En réalité, je passe une grande partie de mon temps à passer les autres au crible à partir des fins ressentis de mon scanner personnel.

Savoir à qui j'ai affaire en face de moi reste un jeu d'enfant, et, finalement, s'apparente à des dons et atouts de psychanalyste.

C'est un peu comme si je pouvais me « brancher » directement sur l'inconscient des autres, tout en m'arrangeant, bien sûr, pour éviter qu'on sonde mon propre inconscient. Ma devise serait-elle « Pour vivre heureux, vivons cachés » ?

Maison VI en Capricorne

Je reste très organisé et efficace pour gérer mon quotidien. C'est mon côté « pragmatique et zen ». Si je suis patron, ma boîte est dirigée de main de maître.

Dans de nombreuses situations, je me révèle très responsable et fiable. Lorsqu'il s'agit de me perfectionner, c'est avec le sens de l'utilisation de techniques performantes.

Concernant ma santé, je sais mettre en œuvre les meilleures options de régime, de sport, d'entretien et d'amélioration de mon potentiel et de mes capacités physiques. Quand j'ai décidé de pratiquer régulièrement des exercices appropriés, j'y m'y tiens avec rigueur et discipline.

Je n'apprécie que l'excellence et je m'efforce de rester au plus près de ma vraie qualité de vie et de progression personnelle !

Maison VII en Verseau

J'ai envie de rencontrer quelqu'un qui sorte de l'ordinaire, qui ait sa propre originalité et qui se révèle très moderne.

Candidate très classique : s'abstenir ! J'ai besoin d'une partenaire bien différente des autres, et qui ait des idées non conventionnelles. Bref, une femme novatrice !

En fait, je cherche quelqu'un qui se comporte comme moi ou comme je le souhaite et qui pourra m'aider à développer mon originalité.

Je ne suis pas un grand adepte du mariage et j'opte plutôt pour l'union libre ou un type de relation à imaginer.

Maison VIII en Verseau

(À noter : nous restons encore dans le Signe du Verseau).

Ma façon de gérer les groupes se révèle peu conventionnelle. En effet, j'aime inventer et je rêve d'améliorer les choses existantes et certainement obsolètes. Je veux expérimenter, quoi qu'il en coûte et je cherche sans cesse à faire du nouveau, du « jamais vu ».

Sortir des sentiers battus avec ferveur et curiosité est ma spécialité. Dès qu'il s'agit de « faire autrement », je suis partant et là où je peux vraiment exprimer mon originalité, je n'économise ni mes idées ni mes forces.

En résumé, je m'efforce d'être plus qu'à la page, toujours prêt à prendre le vent de la nouveauté.

Maison IX en Poissons

L'horizon ici reste très vaste... Je rêve de découverte et j'aime partir à l'aventure, au bout du monde réel, ou de l'imaginaire. Ici, le spirituel complète le matériel et je me laisse porter par le cheminement des idées et les voyages aux longs cours.

En général, j'aime à penser suivant l'inspiration du moment. Et pour la suite... on verra bien !

J'ai une grande capacité d'adaptation aux choses et aux êtres et je sais me débrouiller dans des situations bien diverses et parfois très inattendues.

J'ose « plonger dans le grand bain »... Et même dans de belles ambiances « océaniques » !

Finalement, j'ai tendance à être plutôt « cool »... Même lorsque je rate le bateau ou l'avion !

Ma structure personnelle reste très souple et il est vrai que je ne suis pas toujours le champion de l'organisation… Mais je m'en sors toujours. Et de façon décontractée, tant qu'à faire !

Par ailleurs, je peux rechercher tout ce qui me ramène dans le passé, ma vie avec mes parents, mes voyages avec eux et ma vie en Afrique ou en Amérique et ces voyages actuels sont autant de pèlerinages sympathiques… ?

Maison X en Bélier

En ce qui concerne mon rôle social, je marche plutôt à l'instinct. Je fonce d'abord… Et je réfléchis ensuite !

J'ai une tendance à savoir saisir toutes les opportunités qui s'offrent à moi. On me propose et dispose vite !

J'aime les rôles de leader et les positions de chef incontesté. On m'appelle souvent « Mr Dynamite » !

Je peux devenir rapidement un très bon entraîneur sportif ou un « dynamiseur de groupe » pour peu que l'envie m'en prenne…

Je peux même tenter le rôle de chef de cuisine, tout à fait à l'aise au moment du « coup de feu ». Ou tout simplement tenter la compétition du 100 m !

En résumé, il me faut des « à-coups », des changements de rythme rapide. Je m'ennuie dans la routine, j'y perds mon élan naturel.

J'ai besoin de nouveauté à chaque instant, sinon mon énergie baisse de régime…

J'ai donc le souci de me diriger là où il y a « de la pression », où il y a challenge, là où il faut, finalement, « foncer tête baissée » !

Maison XI en Taureau

Ma façon de critiquer ou de contester reste ici plutôt tranquille. Je ne cherche pas à tout révolutionner et j'oublie d'attendre « le grand soir ».

En fait, je ne veux pas forcément tout changer. Ma démarche est plutôt « pépère », voire très « cool »...

Dans ce domaine, je ne ressemble ni à un guerrier ni à un casseur !

Vous ne me verrez pas sur les barricades, prêt à « casser du flic » ou à défoncer les vitres des banques... Je suis loin d'avoir un fonctionnement d'hystérique, mais plutôt de « sage observateur ». Pour moi, changer les choses ne peut se faire que progressivement ma devise étant en la matière « Avançons lentement... mais sûrement ! ».

Pour être honnête, je ne me sens pas vraiment à l'aise dans cette maison. Moi qui aime plutôt le calme et l'harmonie, je me sens un peu perturbé lorsqu'il s'agit de changer mes petites ou grandes habitudes.

Comme j'ai tendance à être têtu, lorsque je me lance dans l'aventure de toute réforme, je m'y attache parfois trop sérieusement et je peux remettre finalement les choses en question, mais de façon très progressive et sécurisée...

Maison XII en Cancer

Pour faire mon bilan, j'ai besoin d'être seul. Surtout qu'en général, j'ai à faire un « travail » important au niveau de mes émotions.

Lorsque je suis amené à faire le point, je dois regarder en face ma grande sensibilité, et me poser un certain nombre de questions du style : « Qu'ai-je ressenti à tel moment ? »

ou bien « Que s'est-il passé au niveau de mes tripes et pas seulement dans ma tête ? ».

Il n'est pas utile ici de trop réfléchir, ce qui ne mènerait à rien.

La réalité extérieure, rappelons-le, n'est que le reflet du monde intérieur ! Réfléchir, ou être le reflet : « That is the question ! »

Si je veux vraiment faire les deuils des diverses situations ou fausses culpabilités du passé, je dois m'autoriser à « lâcher quelques larmes », quitte à pleurer tout seul dans mon coin.

Mes émotions peuvent alors être libératrices et m'aider à « mettre à la poubelle » les vieilles scories ou pollutions psychiques du passé.

Aussi, c'est habituellement en me « repliant dans ma coquille », et en osant communiquer avec mon ressenti profond que je peux effectuer ce nettoyage intérieur salutaire et silencieux.

Parfois même, il serait bon d'aller méditer dans un monastère, pour effectuer une belle retraite, douce et salutaire

LES ASTRES ET PLANÈTES

Le Soleil

Mots clés : «*J'émane, je rayonne*»

Il symbolise le moteur central de l'être.

Il est à la base de votre fonctionnement personnel.

L'astre solaire évoque ce qui vous permet de rayonner et d'animer tout ce que vous pouvez vivre et oser.

En effet, il se présente comme la grande source de vie, rayonnante de vitalité et de lumière. Il sert à mettre en œuvre l'énergie du Signe dans lequel il se trouve, évoquant ainsi l'énergie la plus naturelle à utiliser pour la personne désireuse d'avancer et d'évoluer dans son existence.

À noter

Vous n'êtes pas Bélier, Taureau, etc. Personne n'est un Signe astrologique ! Le Signe est simplement à disposition. Certains ne s'en servent même pas !

Vous avez un Soleil situé dans un Signe, et c'est ce qui peut vous mettre sur la voie pour animer votre vie. Dit autrement et de façon un peu simpliste :

«Le Soleil va se servir de l'énergie particulière du Signe pour dynamiser l'ensemble de votre thème.»

Mais restons clairs, ce n'est pas le Soleil qui vit votre vie, ou qui fait ce qu'il y a à faire pour votre épanouissement personnel, et ce n'est pas votre Signe non plus !

C'est surtout VOUS !

Vous ne dites pas « Je suis un stylo » quand vous écrivez !

Vous ne dites pas « Je suis de l'essence » quand vous conduisez votre voiture et vous n'êtes pas toujours au volant...

La Lune

Mots clés : *« Je reçois, je ressens »*

Elle symbolise ce qui est caché à l'intérieur de vous-même. Elle évoque en priorité le monde de l'imagination et du rêve.

Cet astre lunaire symbolise le besoin de confort, de sécurité d'un bon foyer et, d'une manière générale, toute gestation. Elle représente une mère accueillante et à l'écoute, tout ce que cet idéal évoque de bienveillance, de douceur, de gentillesse, de réconfort.

La Lune est chez elle dans le signe du Cancer.

Et c'est dans le Signe du Taureau qu'elle peut donner le meilleur d'elle-même, qu'elle peut le mieux s'exprimer.

Si « votre Lune » est dans « votre » signe du Cancer ou du Taureau... Laissez-la faire, osez écouter vos intuitions, apprivoisez votre sensibilité et faites confiance à votre réceptivité pour vous aider à progresser sur le chemin...

Les points forts de la Lune

Souplesse, adaptabilité, capacité à « suivre le courant », à se mouler dans toutes choses.

À noter

Là aussi, ces grandes lignes sont à moduler suivant l'endroit du thème où se situe votre Lune (Signe et Maison) et toutes les interactions présentes en ces divers éléments astrologiques. La Lune parle de ces parties de vous-même souvent restées dans l'ombre ou peu accessibles à votre mental trop logique ou trop cartésien.

Mercure

Mots clés : « *Je pense, j'analyse* »

Il évoque le lieu où s'élaborent vos idées, là où vos processus mentaux se mettent en marche.

Il symbolise ainsi la mémoire, l'analyse, la réflexion ou, d'une manière générale, la pensée logique et discursive.

Mercure se présente comme particulièrement « électrique ».

Un bel exemple de fonctionnement « rapide et rusé » !

Il adore traduire les idées en mots, aime tisser des relations, créer de nouvelles lignes de communication. Mercure est vraiment à sa place dans le signe des Gémeaux et encore mieux (« en exaltation ») dans le signe de la Vierge.

C'est là qu'il est au maximum de sa forme pour réfléchir sur la condition humaine et comprendre son environnement.

Cette planète est liée à tout ce qui touche au système nerveux, au fonctionnement de notre « ordinateur mental ».

Vénus

Mots clés : «*J'aime, je choisis*»

Il symbolise ce que vous pourriez aimer ou ne pas aimer et évoque votre capacité de choix, en fonction de la valeur que vous donnez à chaque chose et à chaque être.

Si Mercure présente des côtés «électriques», Vénus, quant à elle semble bien «magnétique». Autant Mercure se présente comme «Masculin» ou «Yang», autant Vénus apparaît «Féminine» ou «Yin». Elle se présente comme plutôt porteuse de valeurs comme le charme, la séduction, la beauté...

Vénus témoigne ainsi de votre capacité à apprécier les divers éléments de votre environnement qu'il soit humain, animal, végétal ou matériel et à saisir et à rester attentif aux messages de votre sensualité et d'une manière générale de votre corps. Raffinement et harmonie font partie de ses priorités.

Cette planète évoque les beaux sentiments que vous pouvez ressentir lorsque vous êtes amoureux ou ce que vous pouvez éprouver après une belle évaluation positive. Elle recherche essentiellement l'harmonie dans toutes les relations sans conflits ni débordement.

Son cheminement passe plutôt par votre cœur ou votre corps que par les circonvolutions de votre intellect...

Lorsque vous dites : «ça me plaît» ou «j'aime bien ça», c'est un peu *votre* Vénus qui s'exprime.

Vénus est à l'aise dans le signe de la Balance, et dans celui du Taureau. Deux signes plutôt lents et qui adorent prendre leur temps pour affiner les choses et s'orienter dans diverses formes de perfection. Par ailleurs, Vénus est liée au monde de la vraie sexualité féminine.

Mars

Mots clés : « *Je fonce, j'agis* »

Il symbolise la mise en action de votre dynamique personnelle et se sert du « jaillissement » de l'émotion pour se mettre en marche.

Dans votre thème, c'est l'endroit où votre énergie pourrait se manifester au mieux.

Mars évoque ainsi tout ce qui a trait aux prouesses physiques et aux exploits corporels. Il parle d'impulsivité, de réaction rapide, d'efficacité et parfois de la colère à utiliser positivement comme un moteur personnel.

Là aussi, tous les niveaux peuvent être vécus, depuis le plus primaire fonctionnement jusqu'au plus évolué.

Mars se sent à l'aise dans le signe du Bélier.

Si c'est votre cas, apprenez à être « cool »...

Jupiter

Mots clés : « *Je participe, je m'épanouis* »

Il évoque le monde social et votre manière de vivre et de faire la fête avec les autres.

Jupiter se présente comme très sociable et toujours prêt à partager agréablement au sein des groupes petits ou grands.

Il parle d'enthousiasme, de plaisir, de toutes sortes de gourmandises et invite à savourer tous les cadeaux de la vie.

Il symbolise l'assimilation personnelle et le désir insatiable, plus de nourriture, plus d'argent, plus de connaissances, plus de plaisir...

Jupiter évoque votre façon de découvrir et de profiter des choses de la vie, votre appétit de nouveautés, de dégustations, d'accumulations diverses, votre envie de beaux et bons plaisirs...

Il a besoin de croissance, d'expansion et d'expériences, agréables de préférence !

Jupiter est à l'aise dans le signe du Sagittaire et dans celui des Poissons. C'est là qu'il peut s'occuper de façon spectaculaire de son plaisir et s'orienter vers plus de pouvoir, plus de possessions...

Saturne

Mots clés : « *Je mets de l'ordre ; j'éclaircis* »

Il symbolise la structure avec sa définition et ses limites, c'est-à-dire votre capacité à poser des cadres, à clarifier les choses, à vous orienter vers cohérence et lucidité.

Il s'occupe de tout ce qui a pour fonction de contenir, matériellement ou psychologiquement.

Il parle d'ordre, d'agencement, de précision dans sa manière d'aborder son travail, ses relations, sa vie matérielle. Il aime planifier et sécuriser.

Il n'est bien que lorsqu'il devient le « spécialiste en la matière »...

Saturne nous indique à la fois les limites et les terrains propices où nous devons apprendre à être mûrs et responsables pour développer le « Maître » en nous. À défaut de le faire, nous risquons d'avoir à subir l'autorité ou l'influence des autres !

Saturne n'apparaît pas à son avantage dans son rôle de « Père Fouettard », tout du moins tant qu'on ne l'a pas intégré ou joué positivement, ce qui engendre certains désagréments.

C'est ce que certains appellent « la vertu de l'échec » : assumer ses erreurs peut aider à grandir et à rectifier les croyances, les idées ou les projets pour les ancrer davantage dans la réalité.

Saturne finalement évoque « la raison du Sage » qui n'a rien à voir avec le raisonnement borné, infantile ou dépassé !

Certains le nomment « Le Sage restricteur ».

Les lois de la vie restent incontournables...

Cette planète Saturne est à l'aise dans le signe du Capricorne, et aussi dans le signe du Verseau.

Uranus

Mots clés : « ***Je change, je réforme*** **»**

Il symbolise la transformation souhaitée après un certain mécontentement ou un désir de changer, d'améliorer réellement les choses.

Il évoque la critique positive, les qualités du réformateur.

Sa pertinence profonde peut amener à l'émergence d'idées neuves ou à de nouvelles formes de fonctionnements.

Uranus adore démolir les vieilles habitudes, surtout les plus ancrées.

Uranus vous invite à développer votre capacité à faire évoluer les choses et à améliorer votre vie en proposant un questionnement plutôt mental : « Est-ce que je sais réellement ce qui ne me convient pas ? »

Il suggère parfois à l'oreille de « renverser la table » et de se libérer des vieux programmes, des dogmes, des acquis périmés.

Il vous invite à rencontrer votre vraie nature au-delà des habitudes du « troupeau » !

Uranus vous encourage à penser un peu plus par vous-même, à oser sortir des sentiers battus et à quitter le conventionnel qui caractérise les masses conditionnées...

Uranus est à l'aise dans le signe du Verseau.

Neptune

Mots clés : ***« J'inspire, je reçois des messages subtils »***

Il symbolise ce qui vient pour dissoudre, nettoyer, afin de faire de la place pour autre chose de plus lumineux, ce qui peut ainsi faciliter « l'Inspiration »...

Cela concerne en premier lieu le nettoyage émotionnel ou relationnel, qu'on appelle le *Cleaning* en psychologie humaniste.

Ce que Neptune évoque n'est pas très facile à capter. En effet, cette planète parle d'une ambiance un peu « brumeuse », un peu floue, mais liée à la belle inspiration du musicien ou du poète.

C'est ce qu'on appelle parfois « la voix intérieure » ou « petite voix » qui transmet les messages d'autres plans ou « plans supérieurs ».

C'est pourquoi il est nécessaire d'avoir « déblayé le terrain intérieur » et d'avoir développé suffisamment de lucidité, de vigilance et de stabilité intérieures pour bien utiliser ce que Neptune propose. Ce sera un avantage pour celles et ceux qui auront acquis une conscience suffisante pour pouvoir traverser le « brouillard intérieur », les illusions courantes et tous les faux discours imaginaires qu'on peut habituellement se raconter. En effet, il ne suffit pas de recevoir des messages d'ailleurs avec une plus ou moins grande « antenne », encore faut-il tenir debout, et savoir les filtrer ou les utiliser cela avec maturité et conscience !

Neptune invite donc tous les hypersensibles, ou autres médiums, à faire le ménage préalable, à se construire intérieurement et à « garder les pieds sur terre » ! Pour les instables ou les « borderline », le conseil est encore plus incontournable !

Neptune est bien à l'aise dans le signe des Poissons.

Pluton

Mots clés : ***« J'accepte de mourir pour renaître »***

Sachant qu'ici « mourir » est utilisé au sens large du terme, comme faire le deuil, lâcher, se séparer, dire adieu…

Pluton symbolise l'essentiel, c'est-à-dire ce qui caractérise l'essence de toutes choses. Ses propositions concernent surtout le monde de l'inconscient. Aussi, tout cela n'est pas, de prime abord, facile d'accès !

Ici, les choses sont souvent vécues par un « retour de l'extérieur » et plus ou moins « négativement » en dehors de soi ou malgré soi avec des conséquences peu agréables au niveau de l'environnement du sujet ou du groupe concerné…

Pluton, d'une manière générale, vous invite à mieux gérer votre pouvoir personnel, et à l'utiliser de façon plus cohérente et plus juste en le mettant au service d'un groupe voire de la société.

Il fonctionne comme un « amplificateur de vécu », ce qui implique malheureusement les problèmes, les émotions et les scénarios mentaux catastrophiques !

Il parle d'une forme de « métamorphose finale » nécessaire pour pouvoir accoucher de la suite. Un peu comme le Phœnix qui renaît de ses cendres ! Il faut apprendre à descendre pour pouvoir ensuite remonter, telle la marée qui se retire très loin pour bien prendre son élan !

En résumé

Pluton invite à profondément « faire le deuil », deuil d'une relation, de certaines habitudes, d'illusions personnelles, d'un lieu de vie qui n'ont plus lieu d'être, c'est-à-dire quitter ce qui n'est plus juste, ce qui est en train de se détruire !

Passer simplement à autre chose… quand il est encore temps !

Calme et positionnement personnel s'avèrent alors nécessaires…

Sinon, par ailleurs, Pluton est plutôt sympathique, bien qu'un peu réservé aux initiés !

Pluton est à l'aise dans le signe du Bélier et/ou signe du Scorpion.

À noter

Tous les astrologues ne sont pas tout à fait d'accord là-dessus !

RÉSUMÉ DES SUGGESTIONS DES DIVERSES PLANÈTES

SOLEIL	Je rayonne…
LUNE	Je ressens, je rêve
MERCURE	Je pense, j'analyse,
VÉNUS	Je choisis, j'aime ou non, je donne de la valeur
MARS	J'agis, je m'affirme
JUPITER	Je participe, je favorise l'expansion
SATURNE	Je structure, j'éclaircis, je mûris et je deviens responsable.
URANUS	Je transforme, je réforme.
NEPTUNE	Je dissous, je reste inspiré
PLUTON	Je vais à l'essentiel, je me métamorphose

LES SIGNES ASTROLOGIQUES

Le zodiaque se divise en 12 signes astrologiques.

Chacun de ces Signes représente ou suggère une « énergie » différente.

C'est comme si le zodiaque évoquait 12 types de « carburants » à la disposition de chacun et de chacune et qu'il n'y avait plus qu'à les utiliser, les valoriser, de façon juste, sage et mature. Suivant la conscience acquise et la lucidité développée, la gestion de ces énergies sera différente.

Cette gestion sera donc, d'une personne à une autre, plus ou moins efficace, plus ou moins bienvenue, plus ou moins épanouissante.

Il y aura ici tout le panel qui va de la réussite jusqu'à « l'échec », du magnifique au « catastrophique », du lumineux au « glauque »...

Moralité

Il vous reste à apprendre le bon usage, la bonne gestion de ces diverses énergies évoquées dans votre thème, certaines plus importantes ou dominantes que d'autres.

À noter

Tous les signes vous disent quelque chose. Vous n'êtes pas un signe. Et il n'y a pas qu'un seul signe ou deux qui vous parle !

En résumé, chaque signe nous fait plus ou moins signe...

Certains vont vous interpeller plus que d'autres au niveau de la bonne gestion de l'énergie qu'ils évoquent. Lorsque certains signes, certaines énergies « vous parlent » plus que d'autres, vous êtes plus sensible à leurs messages, vous les comprenez mieux. Il y a des énergies dont vous avez meilleure conscience, et d'autres moins... Certaines personnes n'en font rien... et passent à côté sans mettre en pratique ces énergies, ces propositions d'apprentissage, de concrétisation, et d'avancée en conscience, ce qui finit par les conduire à se comporter « à l'inverse de leur signe », c'est-à-dire au « négatif du signe opposé », celui qui est situé en face ou diamétralement dans la roue du zodiaque.

Il est important de bien préciser qu'il y a diverses manières d'utiliser ou de valoriser les énergies d'un Signe.

Plusieurs niveaux de fonctionnements existent pour un même Signe, suivant l'âge, les connaissances, la maturité et surtout la conscience, sans oublier les désirs ou envies et, bien sûr, les choix qui sont faits... ou non !

Remarque

Il n'est pas interdit d'imaginer une utilisation inédite, nouvelle, créative, non encore explorée, qu'il pourrait rester à mettre en œuvre.

Il y a encore tant à inventer, à découvrir...

Nos petits enfants ou arrière-petits-enfants vivront peut-être ces énergies d'une façon que nous ne pouvons pas encore imaginer aujourd'hui.

L'homme est en devenir...

C'est un des messages principaux de l'Astrologie humaniste !

Le Bélier

* Il lui est proposé d'agir, de « monter au créneau ».
* Il est invité à développer son affirmation personnelle, sa capacité à décider, sa volonté à faire des choix.
* Il est souhaitable qu'il ose jouer les pionniers, celui qui fait la trace, qui dirige, qui commande.
* Il lui est conseillé de suivre son impulsion, son intuition d'action, et de faire confiance à sa spontanéité.
* Il a à sa disposition la fraîcheur et l'énergie de la jeunesse.

Qualité requise : Le courage.
Il a besoin d'être centré sur lui.

À noter

Si cela n'est pas suffisamment vécu, il risque parfois de le vivre « par défaut », ou « au négatif », ce que nous pourrions appeler ici *« la mauvaise Balance »* : hésitation stérile, dépendance aux autres, soumission, mauvaises influences, manipulations...

Le Taureau

- ⁎ Il lui est proposé de concrétiser, lentement et sûrement
- ⁎ Il est invité à développer patience, persévérance, sa capacité à peaufiner les choses, à aimer le travail bien fini.
- ⁎ Il est souhaitable qu'il ose produire même s'il a tendance à ne pas se renouveler.
- ⁎ Il lui est conseillé de bien entretenir ses outils, sans s'identifier à eux ou à son entreprise et de faire confiance à sa ténacité et à sa capacité de mener à bien, et dans les détails, tous les projets dans lesquels il s'est engagé.
- ⁎ Il a à sa disposition ce côté « instinctif biologique » et une bonne écoute du corps.

Qualité requise : Il a besoin de résultat tangible.

À noter

Si cela n'est pas vécu, il risque de le vivre « par défaut » ou « au négatif » ce que nous pourrions appeler ici *« le mauvais Scorpion »* : jalousie, médisance, côté envieux, voire querelleur, mensonges, intrigues, ou une tendance à « profiter des autres »...

Les Gémeaux

* Il lui est proposé de jouer avec les idées, les mots.
* Il est invité à développer sa rapidité de penser et sa capacité à prendre au vol les occasions mentales et discursives qui se présentent à lui.
* Il est souhaitable qu'il ose s'exprimer avec jovialité et spontanéité.
* Il lui est conseillé de suivre son envie de découvrir les êtres et les choses, sa curiosité naturelle, et de faire confiance à sa dynamique de changement et d'adaptation aux situations les plus diverses.
* Il a à sa disposition ce côté « touche à tout ». Il lui reste à en faire un atout et à ne pas trop rester dans le superficiel en passant sans arrêt d'une chose à une autre.

Qualité requise : Il a besoin de développer l'honnêteté intellectuelle.

À noter

Si cela n'est pas vécu, il risque de le vivre « par défaut » ou « au négatif » ce que nous pourrions appeler ici *« le mauvais Sagittaire »* : toujours vouloir avoir raison, savoir mieux que tout le monde avec une certaine tendance à faire la morale à tout le monde...

Le Cancer

* Il lui est proposé de trouver sa place, son milieu de prédilection à dimension humaine.
* Il est invité à développer sa réceptivité et sa capacité à materner, à écouter, à protéger.
* Il est souhaitable qu'il ose rayonner à partir de son « foyer intérieur »
* Il lui est conseillé de cultiver sa sécurité personnelle afin d'éviter timidité et trop grande réserve et de faire confiance à sa douceur et à sa gentillesse envers les autres.
* Il a à sa disposition sa forte sensibilité qui peut devenir un outil précieux pour l'aider dans ses choix.

Qualité requise : Il a besoin d'accepter sa vulnérabilité, son affectivité.

À noter

Si cela n'est pas vécu, il risque de le vivre « par défaut » ou « au négatif » ce que nous pourrions appeler ici « *le mauvais Capricorne* » : un Capricorne froid, impersonnel, dur et intransigeant qui s'enferme dans son armure avec un certain déni de ses émotions qu'il peut chercher à cacher, ou à camoufler derrière une attitude quelque peu hautaine ou dédaigneuse.

Le Lion

* Il lui est proposé de briller et de cultiver sa belle image.
* Il est invité à développer sa créativité, son inventivité et sa capacité à rayonner
* Il est souhaitable qu'il ose être sur le devant de la scène.
* Il lui est conseillé de trouver la juste mesure pour éviter la caricature et de faire confiance en ses dons d'acteur.
* Il a à sa disposition ce côté spectaculaire parfois royal qui le fait paraître tellement sûr de lui !

Qualité requise : Il a besoin de développer sa simplicité et ne pas toujours rechercher les éloges de son plus ou moins grand public.

À noter

Si cela n'est pas vécu, il risque de le vivre « par défaut » ou « au négatif » ce que nous pourrions appeler ici ***« le mauvais Verseau »*** : un Verseau terne, amer, critique, mesquin, de mauvaise foi et un tantinet manipulateur...

La Vierge

* Il lui est proposé d'analyser, de mettre de l'ordre et d'organiser aussi bien ses idées que ses papiers !
* Elle est invitée à développer son sens du tri, ses dons pratiques et sa capacité à bien faire dans tous les domaines.
* Il est souhaitable qu'elle ose regarder en face ce qui ne va pas afin de l'améliorer réellement.
* Il lui est conseillé de ne pas éluder les choses, mais de cultiver cohérence et clarté dans ses choix et de faire confiance à ses dons de soin et de guérison
* Elle a à sa disposition ce côté « méthodique », son côté « écureuil prévoyant » et son désir de s'occuper de son corps (yoga, sport, massages, etc.).

Qualité requise : Elle a besoin de discriminer, de savoir trier entre « le bon et le mauvais ».

À noter

Si cela n'est pas vécu, il risque de le vivre « par défaut » ou « au négatif » ce que nous pourrions appeler ici *« les mauvais Poissons »* : un Poisson pagaille, flou, se perdant dans ses illusions, irréfléchi et manquant du sens des réalités..

La Balance

* Il lui est proposé de découvrir et de développer sa belle capacité à rencontrer l'autre. Elle peut devenir une experte en « Art de la relation »...
* La Balance a besoin de faire équipe, de s'associer, de s'engager en couple. Il lui est suggéré de composer avec l'autre avec souplesse et empathie. Pour elle, l'autre est un indispensable auxiliaire surtout si, il ou elle a suffisamment de points communs !
* Il est demandé ici de passer du « JE » au « NOUS » avec prévenance et tendresse, sans domination ni écrasement mutuels... Un bel équilibre à trouver !
* Par ailleurs, la Balance parle d'unité et de beauté. Mettre de l'harmonie en tout est un des défis évoqués par ce Signe raffiné et au goût très sûr. Son charme va de soi, même si son naturel reste un peu influencé par la mode et le convenu...
* La Balance aime aussi prendre le temps de choisir, de déguster, de sentir l'ambiance... Si elle est trop froide, elle ne s'en « balance » pas !

Qualité requise : Elle a besoin de sérénité dans la relation et d'équilibre en amour (sinon elle devient vite tendue ou stressée).

À noter

Si cela n'est pas vécu, elle risque de le vivre « par défaut » ou « au négatif » ce que nous pourrions appeler ici *« le mauvais Bélier »* : un Bélier individualiste, égoïste, fonctionnant plutôt dans l'excès d'activité et de réactivité.

Le Scorpion

* Il lui est proposé de produire, de faire avec l'autre car il aime l'intensité vécue « ensemble »...
* Le Scorpion a besoin de vibrer, d'être passionné quitte à provoquer une certaine tension ou un peu d'adrénaline.Quand il pique, il peut « faire mouche » à tous les coups... et on se demande quelle mouche l'a si soudainement piqué !
* Partager des émotions, des sensations, dispenser l'ardeur ou la flamme se révèle être ses meilleurs carburants. Il adore la fusion dynamisante et la communion profonde. Ce signe est habituellement lié à la sexualité, en tant que vécu intense et authentique...
* Par ailleurs, le Scorpion évoque cette belle capacité à se transformer qu'on pourrait appeler « métamorphose ».Il parle de l'art de se remettre en question sans détour, de certaines « mises à nu » à oser, et de certains défis à tenter.
* Il est question ici de savoir plonger dans l'inconscient de l'autre sans avoir froid aux yeux pour y voir rapidement la ou les failles, au risque parfois « d'interpeller » ou de blesser... Serions-nous ici au pays de la psychanalyse ou de la psychothérapie ?

Qualité requise : Le Scorpion a besoin d'être efficace et sans concurrence !

À noter

Si cela n'est pas vécu, il risque de le vivre « par défaut » ou « au négatif », ce que nous pourrions appeler ici *« le mauvais Taureau »* : un Taureau entêté, obstiné, enclin à la colère, et prompt à la jalousie, bloqué dans ses vieilles habitudes ou traditions, trop sûr de lui ou belliqueux, alors qu'il fonctionne finalement de façon faible et peureuse...

Le Sagittaire

* Il lui est proposé d'organiser la vie commune ou sociale et de structurer son monde sans pour autant se prendre pour Dieu !
* Ce signe évoque une possible et souhaitable ouverture d'esprit doublée d'un besoin de connaître l'inconnu, l'étranger, et toujours prêt à se lancer dans de beaux voyages de préférence en tant que missionnaire de « croisades multiples » et variées.
* C'est un faiseur de lois, voire de dogmes. Il aime conceptualiser avec une tendance à généraliser... ses propres opinions ! En quête de justice et de droiture, il peut chercher à devenir le directeur de conscience dont tant de brebis égarées ont besoin ! Mais il se contente souvent de rester l'adepte enthousiaste, et parfois fanatique.
* Porteur d'un grand idéal et appelé à aimer ce qui est au-delà du quotidien, il donne priorité au spirituel et au désir de s'orienter vers les grands espaces, au-delà du connu...

Qualité requise : Il a intérêt à bien développer sa visualisation créatrice et à donner de l'air à ses belles prises de conscience, en ayant de préférence une vision faisable ou clairement réalisable.

À noter

Si cela n'est pas vécu, il risque de le vivre « par défaut » ou « au négatif », ce que nous pourrions appeler ici « les mauvais Gémeaux » : un Gémeaux peu fiable, superficiel, habitué des gamineries, et des idées fumeuses, le tout avec une certaine tendance au « Gourou shopping » : « Je commence une étude ou une conscientisation, je lâche en route, et je ne vais pas jusqu'au bout ! »

Le Capricorne

* Il lui est proposé de prendre le pouvoir ou d'une manière générale de jouer un rôle de chef-organisateur dans les groupes sociaux grâce à son efficacité pour construire et gérer.
* Ce signe semble évoquer des côtés « sérieux » et « concentrés ». Il invite à être vraiment conscient de ses responsabilités et lorsqu'il se lance dans un projet, ce n'est qu'après une réelle préparation des tenants et aboutissants.
* Son ambition silencieuse peut l'amener à jouer un rôle important, autant comme gestionnaire d'une association, que comme Maire ou comme Ministre ! Certains Présidents de la République ont leur Ascendant en signe du Capricorne !
* Sa présence seule donne parfois le ton et suggère « qu'il faut que ça aille droit » !

Qualité requise : L'intégrité. D'ailleurs, il la prône bien souvent ! Il est invité à s'appuyer sur une éthique morale claire et à ne pas compenser d'éventuels complexes d'infériorité en voulant dominer les autres à la façon du petit chef qui veut rugir comme un grand fauve).

À noter

Si cela n'est pas vécu, il risque de le vivre « par défaut » ou « au négatif », ce que nous pourrions appeler ici *« le mauvais Cancer »* : un Cancer plutôt anxieux, plein de peurs, infantile ou dépendant, cherchant à jouer du pouvoir dans des situations inappropriées ou à s'afficher en victime qui subit le pouvoir des autres...

Le Verseau

* Il lui est proposé de changer, de transformer tout ce qui ne va pas autour de lui… et même bien au-delà !
* Le signe du Verseau suggère de contester, de remettre en question ce qui a pu être mis en place précédemment dans le signe du Capricorne.
* Son idéal : devenir un grand innovateur. Il cherche toujours à faire mieux. Son discours est émaillé d'idées nouvelles et réformatrices concernant un « Monde nouveau ». En attendant le grand soir ?
* Mentalement souple, il semble capable de changer d'avis, parfois de façon rapide, voire inattendue.
* Le Verseau suggère de s'engager, de préférence en militant convaincu, dans des groupes contestataires ou tout du moins réformateurs. Il souhaite créer de nouvelles organisations sociales et cherche à tout faire pour qu'adviennent des structures différentes, voire étonnantes.
* Le Verseau propose diverses voies d'engagement au service des autres, au service du collectif, comme Médecins sans frontières, les Restaus du Cœur, Emmaüs, Amnisty international, Greenpeace, etc. Ou tout simplement le Syndicat local.

Qualité requise : Une bonne dose d'humour à développer et une certaine capacité à concrétiser les choses : ne pas en rester aux idées et aux grands discours.

À noter

Si cela n'est pas vécu, il risque de le vivre « par défaut » ou « au négatif », ce que nous pourrions appeler ici *« le mauvais Lion »* : un Lion théâtral, mondain, hyperconventionnel, orgueilleux, méprisant, trop centré sur son apparence, et cherchant sans arrêt la reconnaissance des autres en voulant toujours avoir raison sans jamais céder...

Les Poissons

* Il lui est proposé de faire la synthèse du passé pour préparer le futur.
* Le signe des Poissons propose de « se rapprocher d'en haut ». Ici, vous êtes fortement invité(e) à œuvrer pour l'ouverture de conscience, celle des autres, mais surtout la vôtre ! Auriez-vous accès à l'Inconscient collectif, ou aux mystères de la psyché ?
* Il vous est demandé d'épurer votre passé familial entre autres et de vous libérer des vieux schémas et des vieilles croyances qui limitent votre progression personnelle et spirituelle pour faire de la place à du neuf, plus mature, plus lucide et plus conscient.
* Le signe des Poissons vous suggère d'effectuer ce nettoyage des tabous ou autres interdits religieux ou culturels devenus obsolètes, avec sensibilité, compassion et amour en faisant confiance à l'autre et à vous-même.
* Rappelons que le signe des Poissons caractérise l'énergie christique, les messages du Christ qu'il reste peut-être à retrouver dans leur origine et leur authenticité ?

Qualité requise : Une belle confiance en soi et en la vie… et en l'avenir (à préparer et reconstruire dès aujourd'hui).

À noter

Si cela n'est pas vécu, il risque de le vivre « par défaut » ou « au négatif », ce que nous pourrions appeler ici *« la mauvaise Vierge »* : une Vierge hésitante, raisonneuse, qui coupe les cheveux en quatre, lorsque l'inquiétude et le doute envahissent son paysage intérieur, ce que l'entourage peut ne pas vraiment apprécier…

RÉSUMÉ DES PROPOSITIONS DES MAISONS

SIGNES	À DÉVELOPPER	À ÉVITER
BÉLIER	* Dynamisme * Spontanéité * Action * Initiative	* Les coups de tête * L'individualisme extrême * Tout commencer, ne rien finir
TAUREAU	* Persévérance * Patience * Travail * Finitions	* Rester têtu, coléreux * Être trop perfectionniste * Tourner en rond * Difficulté à finir
GÉMEAUX	* Curiosité * Vivacité d'esprit * Communication * Jeux. Jeunesse	* Affabulateur * Superficiel * Impatient * Gamineries
CANCER	* Sensibilité. Réceptivité * Besoin d'un milieu sécurisant * Romantisme * Bel imaginaire	* Rester trop sensible, craintif * Avoir peur de tout et de rien * S'enfermer dans un petit monde clos
LION	* Expression et faire valoir * Chaleur humaine * Besoin de briller et d'être applaudi	* Ne pas en faire trop et dramatiser * Ne pas ramener tout à soi * Trop rester sur la scène
VIERGE	* Perfectionnement * Amélioration * Savoir prendre soin de soi	* De couper les cheveux en quatre * De rester trop prudent, et de pinailler * De devenir hypocondriaque

BALANCE	* À la rencontre de l'autre * Partage et équité * Sens du beau, du raffiné	* De trop chercher à plaire * De trop rester dans le convenu * D'oublier d'être vraiment soi-même
SCORPION	* Faire ensemble (amour, affaires) * Vie au sein du groupe * Passion. Fusion	* De s'oublier trop au profit de l'autre * La fusion destructrice * De préférer le conflit à l'indifférence
SAGITTAIRE	* Organisation des groupes. * Vie sociale ouverture à l'inconnu * Recherche d'idéal et de justice	* De trop diriger ou d'être adepte soumis * D'imposer sa vérité * Fanatisme * De se prendre pour Dieu
CAPRICORNE	* Participation responsable à la vie sociale * Leadership * Ambition calme et intégrité	* De trop s'identifier à sa fonction. * D'oublier sa vie privée * De se couper de ses émotions
VERSEAU	* Contestation positive pour créer * Un monde nouveau plus juste. * Humanisme. Amitié.	* De contester pour contester * De rester dans la « mauvaise foi » * Le côté « râleur » et conventionnel
POISSON	* Recherche de spiritualité * Compassion * Réceptivité. * Transformation du passé...	* De rester flou ou inconsistant, * Insaisissable, peu incarné et fuyant * Se perdre dans des paradis artificiels

LES PLANÈTES DANS LES MAISONS

En Astrologie humaniste, quelle que soit la maison où se trouve une planète considérée, le message proposé sera toujours plus ou moins lié à ses énergies.

C'est comme si la planète invitait à mobiliser dans ce domaine certains types d'énergie, de mouvements ou d'engagement personnels.

Cet assemblage sera, bien sûr, modulé par ce qui a été précédemment évoqué au sujet des relations entre Signes et Maisons.

Ici, nous avons à disposition une intéressante façon d'affiner, ou de personnaliser, les propos plus généraux proposés dans un premier temps du montage du thème.

D'autres éléments peuvent intervenir ensuite pour compléter ou nuancer les invitations et sollicitations de cette étape-ci...

Le Soleil dans les Maisons

Là où se trouve le soleil, il m'est proposé de rayonner, de briller ou tout simplement de me faire remarquer !

C'est là où je vais être vraiment en prise directe avec mon énergie et mes potentialités à pétiller, resplendir ou tout simplement séduire !

C'est là où je serai le plus en accord avec moi-même, et au zénith de ma créativité. Si j'ose faire des étincelles et me sentir vibrer, c'est dans cette configuration que je vais pouvoir puiser pour me distinguer...

C'est là où ma belle créativité, et mes beaux dons d'invention vont pouvoir le mieux s'exprimer, me charmer et charmer les autres pour accoucher d'élans et de surprenantes réalisations originales.

Quelques cas de figure parmi d'autres

❶ Soleil en Maison III

C'est intellectuellement que je peux rayonner ou impressionner. C'est là que je trouve et accueille mes trouvailles. Faire des recherches dynamise ma capacité à éblouir et à me distinguer.

❷ Soleil en Maison VII

Le domaine du couple, et de la relation, est un espace privilégié pour l'épanouissement de ma créativité personnelle et de mon rayonnement sur tous les plans.

❸ Soleil en Maison X

Le domaine de l'activité professionnelle peut être particulièrement propice à ma créativité et à mon rayonnement personnel et devenir un excellent tremplin sur le chemin de ma réussite personnelle de vie.

La Lune dans les Maisons

Ici se trouve le domaine où il m'est proposé de manifester ma sensibilité, mon intuition et ma délicatesse.

C'est le meilleur lieu pour trouver mon épanouissement intérieur et ma sécurité émotionnelle.

C'est ici que je peux ressentir ce sentiment d'appartenance dont j'ai tant besoin, que peuvent s'amplifier avec bonheur mes élans de compassion, de sympathie et de tendresse...

Cet environnement reste à ma disposition pour accéder tranquillement à un bien-être intérieur en m'appuyant sur des repères et des habitudes rassurantes et stabilisantes.

Quelques cas de figure parmi d'autres

❶ Lune en Maison IV

Cette envie de ne pas « quitter mon cocon » fait partie de mes désirs les plus ancrés. Ma maison est un repère immuable que j'ai besoin d'aménager, de peaufiner et de rendre confortable.

Certains trouvent que je ressemble fort à un homme ou une femme d'intérieur, mais il est vrai qu'une belle et chaude maison à ma disposition me permet d'exceller dans la manière de s'occuper d'un foyer et de transformer le moindre « petit nid » en refuge agréable et chaleureux.

❷ Lune en Maison VI

Ma vie au quotidien est ici en première ligne. J'ai intérêt à bien écouter mes besoins et mes rythmes de tous les jours et à respecter mes habitudes, même les plus répétitives car elles nourrissent ma construction personnelle et participent à mon équilibre intérieur.

❸ **Lune en Maison XI**

Il m'est demandé de bien considérer mon désir d'avoir nombre d'amis autour de moi. Ce désir de « foyer amical », de communauté de cœur favorise un lieu où je peux accueillir et recevoir en toute générosité tout en m'occupant de mon bien-être.

Mercure dans les Maisons

Je peux favorablement utiliser mon intellect, ma réflexion et mes belles capacités à définir, faire comprendre ou enseigner dans le domaine concerné.

C'est là que mes méninges peuvent s'activer à loisir...

Il m'est demandé ici d'affiner ma propension à expliquer, à interpréter, et, d'une manière générale à communiquer.

Mon mental analytique est particulièrement sollicité dans cet assemblage. Logique et étude précise sont à l'ordre du jour pour m'aider à faire merveille au fil d'explications et de déductions brillantes.

Quelques cas de figure parmi d'autres

❶ **Mercure en Maison V**

Mon expression est ici au maximum. Que ce soit par l'écriture ou au fil de conférences de haut niveau, je mets mon intelligence au service de mes grands élans bavards, de mes expressions diverses et variées, voire de ma volubilité proverbiale...

Aussi, je vis à plein mes émotions, davantage en les racontant qu'en les vivant réellement !

Il m'est donc heureux d'avoir un bon auditoire !

❷ Mercure en Maison VII

Il est facile ici pour moi de bien communiquer avec les autres, à condition de bien préciser, clarifier, ce que je veux ou attends de leur part.

La rencontre se nourrit des idées que l'on peut partager et j'ai besoin de ces divers échanges intellectuels ou conceptuels.

Dans la relation, j'aime bien « parler d'abord ». C'est ma façon d'aborder l'autre ! Je préfère le « tissage des mots » au tissage des sensations, quitte à ne pas souvent écouter les maux des autres !

❸ Mercure en Maison XI

Je parle plus facilement quand il s'agit de contester, de « râler » ou de manifester mon mécontentement ou celui de celles et ceux qui m'entourent.

J'ai alors à ma disposition une foule d'arguments, plus ou moins crédibles, mais que je sais « faire passer » pour immuables !

Je fais partie de personnes nécessaires qui sont là pour « interpeller » les dirigeants et « réveiller les masses ». Et concrètement, je n'en fais pas des masses !

Vénus dans les Maisons

C'est dans la Maison concernée que je suis le plus à l'aise pour mettre de l'affect et donner un sens aux choses. C'est là que je peux le mieux mettre en valeur ce qui le mérite.

Je n'ai pas de meilleure école que celle-ci pour apprendre à choisir et à discriminer ce qui est bon ou mauvais pour moi.

Concernant un élément matériel, ou un évènement, c'est ici que je peux en priorité me poser la question de mon ressenti ou de mon affect.

Il m'est demandé ici de préciser «mon sentiment».

Vénus n'évoque pas que l'amour, mais invite surtout à faire son choix en partant de l'expérience déjà vécue. C'est à ce moment-là que je pourrais dire de vrais «NON», et donc de vrais «OUI», sans suivre une quelconque mode, ou un gentil troupeau !

Quelques cas de figure parmi d'autres

❶ Vénus en Maison II

Il y a pour moi ici nécessité de bien définir ce dont j'ai vraiment besoin, les biens, les outils, les moyens nécessaires à ma progression et à mon épanouissement personnel ainsi que toutes les satisfactions que je vais retirer de mes avoirs et de mes investissements, ce qui englobe aussi mon bureau, ma maison et tous leurs aménagements.

En résumé, rester «perso» et m'occuper de mes vrais désirs sans copier, reproduire ou répéter ceux des autres, ou du conditionnement mental et affectif ambiant...

❷ Vénus en Maison VI

Il est fondamental pour moi de trouver le pourquoi de mon mal-être, et de donner un sens aux tenants et aboutissants de ma vie.

J'ai besoin ici plus particulièrement de sentir ce qui ne va pas, et de mettre en lumière ce qu'il me faudrait changer.

C'est en mettant ainsi du sens aux choses vécues que je pourrais m'améliorer et me transformer...

❸ Vénus en Maison X

Ici, j'ai vraiment besoin d'aimer mon travail !

Il me faut impérativement un métier résultant d'un choix personnel véritable.

Si mon métier est dans l'axe de mes envies, et découle de ma vraie capacité à choisir, je ne peux que l'aimer et donc m'aimer ! Tous mes investissements professionnels ne peuvent qu'être ici récompensés !

Mars dans les Maisons

Dans la Maison considérée, il m'est suggéré de m'affirmer pleinement, d'agir intensément et de m'impliquer à fond pour mon grand bonheur.

Il m'est conseillé de mettre toute mon énergie dans chacun de mes projets ou « chantiers personnels ».

Je suis invité à prendre ici l'initiative du lancement, et de la mise en place de toutes choses.

À noter

Je ne peux agir positivement qu'en fonction des valeurs évoquées précédemment avec Vénus dont Mars se retrouve être, en quelque sorte, son bras armé !

Dit autrement, il m'est proposé d'affirmer et d'activer ici ce qui est profondément juste pour moi, et qui est issu de mes valeurs, ou en résonance avec ce qui m'habite intimement.

Lorsque j'ai bien repéré et pris conscience de ce que je veux vraiment, je peux y aller sans trop d'hésitations...

Si je ne sais pas ce que je veux, lorsque je ne suis pas à l'écoute de moi-même ou aux prises avec mes doutes et contradictions, le reste ne marche pas.

Il ne faut alors pas s'en étonner et aller chercher on ne sait quelle malchance ou quel mauvais sort !

Quelques cas de figure parmi d'autres

❶ Mars en Maison II

Il m'est suggéré ici d'oser accroître mes avoirs et mes possessions.

C'est le lieu où je peux m'autoriser « à y aller » dans mes placements ou investissements tout en respectant mes valeurs, options personnelles et convictions profondes, en me libérant des interdits concernant l'argent et la réussite, malheureusement encore présents dans certains conditionnements soi-disant religieux et faussement « spirituels » !

Je suis alors invité à m'éloigner avec bonheur de ce style d'injonction, en gardant à l'esprit que gagner et posséder est tellement divin que Dieu ne peut qu'être fier de moi de m'incarner aussi bien !

Je peux ici activer en abondance mes dons personnels et mes capacités à acheter, vendre, etc., loin de ces petites peurs héritées, j'ose foncer dans le domaine des affaires et m'activer de façon fructueuse, juste et spirituelle !

❷ Mars en Maison V

Il m'est proposé ici de « mettre les pieds dans le plat » et d'oser dire les choses telles que je les conçois, ressens et désire, même si mon entourage trouve que mes vérités dérangent et estiment que je ne reste pas assez politiquement correct !

Je ne laisse personne se prendre pour un Nonce apostolique… qui *é-nonce-rait* la vérité divine à mon gouvernement intime et personnel alors que je dénonce ce qui mérite de l'être !

❸ Mars en Maison VIII

J'ai plutôt intérêt à être actif dans les groupes. Il m'est proposé ici de dynamiser les autres, et de ne pas hésiter à prendre les commandes en développant mes qualités de meneur respecté, car compétent et entraînant.

J'ai la capacité de prendre le pouvoir de façon juste et sage. Alors, pourquoi hésiter ?

Développer le pouvoir de se réaliser ne veut pas dire devenir tyran ! Je peux diriger des « potes »... sans devenir despote !

Jupiter dans les Maisons

C'est là où il m'est proposé de mettre tout mon enthousiasme, ma foi, mon optimisme ou ma confiance.

Dans ce domaine, il m'est suggéré d'oser formuler mes plus beaux espoirs et de libérer ma joie de vivre.

Il s'agit ici du lieu de mon expansion et des moyens que je suis prêt(e) ou non à mettre en œuvre pour la favoriser.

Ma réussite sera ici présente si je fais ce qu'il faut et non strictement comme il faut !

Quelques cas de figure parmi d'autres

❶ Jupiter en Maison II

Ma priorité est de faire des affaires et j'ai envie de devenir très riche.

Je suis donc prêt à mettre toutes mes forces pour parvenir à un certain niveau et je cherche passionnément à accroître mes avoirs.

Finalement, je me sens prêt à « gérer l'abondance » et je m'affranchis des tabous familiaux relatifs à l'argent.

❷ Jupiter en Maison V

Je pourrais me mettre sur le casting des animateurs de *Club Med* qui déclarent à tout bout de champ : « Vous êtes extraordinaires, nous sommes tous adorables ! »

❸ Jupiter en Maison X

J'ai l'opportunité de « m'éclater » dans une certaine dynamique de meneur en entraînant une équipe et en devenant un chef joyeux, un gentil patron ou un leader charismatique !

Saturne dans les Maisons

C'est là où il m'est demandé d'être un spécialiste et de devenir vraiment adulte, par les diverses expériences de vie qui m'aident à grandir.

La Maison concernée par Saturne est fondamentale dans chaque thème.

Elle offre de belles pistes de structuration et de progression personnelle pour se construire et vivre.

Je suis invité ici à développer mon autorité, c'est-à-dire à être à hauteur des défis de ma vie afin de grandir positivement en force et en sagesse.

Il m'est conseillé dans ma maison, ou domaine en question, de rester très clair, précis, et organisé, à bien définir mes options, objectifs et conditions tangibles et incarnées pour mettre en place sérieusement les cadres et les structures nécessaires à ma construction personnelle et à mes réalisations diverses.

Il est vrai que cela demande du temps, du travail et de la persévérance. Il n'est pas ici question de rêver ou de faire des plans sur la comète !

Si le travail a été effectué correctement, la récompense est toujours là. C'est même le signe que mes choix personnels et ce que j'ai osé et expérimenté étaient cohérents !

Cette Maison peut être habitée par mes peurs, mes doutes ou mes craintes. Dans ce domaine se cachent parfois mes inhibitions et mes interdits, sources d'auto-sabotage et de limitation inconsciente.

Ainsi, lorsque je touche une limite, mon petit Saturne est là pour m'indiquer ce qu'il reste à dépasser ou à transformer pour avancer en conscience et accéder à plus d'épanouissement et de bonheur.

Quelques cas de figure parmi d'autres

❶ Saturne en Maison I

Il m'est demandé ici d'effectuer un certain travail sur mon identité, et de définir une éthique personnelle claire des règles et des repères bien déterminés.

C'est-à-dire mettre en place des cadres solides, à la fois souples et stables, rester honnête avec moi-même dans un face-à-face authentique, et surtout, arriver à bien savoir ce que je veux vraiment !

C'est en développant ce « sens de soi », et en renforçant un ego nécessaire à mon développement et à ma stature personnelle que je pourrai être efficace et efficient, voire puissant, dans ma vie.

❷ Saturne en Maison VII

Dans cette Maison, il m'est suggéré de beaucoup travailler sur la relation, et d'oser me mettre à égalité avec l'autre en l'écoutant et en effectuant des ajustements nécessaires à notre bonne entente sans m'imposer et sans manipulations.

❸ Saturne en Maison X

J'ai intérêt, ici, à oser me lancer dans un engagement professionnel intense et à développer mon autorité sociale en évitant tout assistanat et en osant prendre des responsabilités pour grandir !

Il m'est fortement recommandé ici d'apprendre à me débrouiller tout seul ou toute seule, à assumer clairement des engagements sociaux, associatifs ou professionnels.

En un mot, oser être vraiment adulte et dépasser tous les comportements infantiles de dépendance financière ou corporelle ainsi que les peurs, blocages et retenues limitatives au niveau social…

Uranus dans les Maisons

C'est là où j'ai envie d'être différent(e), non conformiste, voire inclassable !

Il m'est suggéré, dans cette Maison, de vivre mon originalité, d'oser me singulariser, et parfois de transgresser les codes habituels ou trop convenus des règles classiques du milieu social.

Dans ce domaine, je peux être inventif et même tenter l'impossible !

C'est lorsque je ressens un vif mécontentement que je suis alors poussé à faire du neuf et à remettre beaucoup de choses en question.

Jouer les « révolutionnaires » peut être ici bienvenu, mais à une condition que Saturne ait été préalablement et suffisamment construit c'est à dire, avoir suffisamment grandi, et mis en place un comportement adulte et responsable.

Si ces conditions sont remplies, je pourrais vivre « mon Uranus » avec aisance et plaisir.

En effet, changer n'est pas toujours une mince affaire.

Les fantômes du passé peuvent être amenés à vite ressurgir, et à inciter à la remise en place automatique des résistances au changement !

Il y a nécessité dans ce cas d'avoir une force suffisante, et un ego suffisamment solide et structuré pour que le rêve de révolution devienne une réalité tangible et bienvenue.

Si cette structuration ou construction intérieure n'a pas été effectuée, les changements ou bouleversements sont alors subis de façon collective. On se trouve dans un groupe qui se voit parfois victime d'un évènement de guerre ou d'une catastrophe locale...

C'est bien connu, nous ne sommes jamais là par hasard ! Il y a celles et ceux qui sont toujours au mauvais endroit au mauvais moment, d'autres non ! Une fois de plus, la « réalité extérieure » est liée à la « réalité intérieure ».

Malheureusement, pour beaucoup, les messages ou propositions d'Uranus sont lettre morte...

Ces sujets sont fortement invités à grandir en conscience.

Cela pourra, semble-t-il, leur éviter l'arbre qui tombe sur la maison à la première tempête, ou divers problèmes matériels ou physiques à répétition.

Quelques cas de figure parmi d'autres

❶ Uranus en Maison I

J'ai intérêt ici à oser m'individualiser assez tôt et à suivre mon propre chemin.

Il m'est suggéré ici d'être différent(e) dans ma présentation, dans mon fonctionnement et dans mon identité !

Je peux développer positivement mon grand goût de la liberté sous toutes ses formes, et favoriser mon sentiment « d'être moi ».

C'est hors des sentiers battus que je pourrais encore mieux réussir et gagner en « qualité d'être ».

Et parfois, j'ai même une certaine jouissance à me retrouver différent, même si cela m'isole un peu car c'est dans cette relative solitude que je peux avoir plaisir à grandir et à fortifier mon être profond.

❷ Uranus en Maison VII

Je cherche plutôt ici à vivre une ou des relations différentes de celles qui sont culturellement ou religieusement courantes.

Parfois, je peux refuser ce mariage qui me paraît « ringard » ou certains styles d'engagements amoureux qui me semblent trop conventionnels et tenter une forme de relation plus personnelle.

Par ailleurs, j'aime rencontrer des gens qui remettent en question certains usages ou certaines habitudes traditionnelles.

Ces femmes ou ces hommes d'avant-garde qui osent leur originalité et n'ont pas peur d'être exclus du grand « troupeau » de celles et ceux qui obéissent à l'entendement courant et conventionnel au conditionnement collectif et ne craignant pas d'être mal vus par certains esprits étroits.

En fait, c'est cette partie de moi-même qui se retrouve projetée sur ceux qui sont plus libres ou plus originaux que moi et cela, tant que je n'ai pas trouvé en moi, ou incarné vraiment, cette singularité, cette vraie différence à cause de certaines peurs ou de vieux interdits, restés ancrés.

❸ Uranus en Maison X

C'est ici que je peux essayer une profession peu commune ou franchement nouvelle. Pourquoi ne pas inventer mon propre métier et m'y investir avec passion et engagement profond ?

À moi de m'occuper en toute confiance et lucidité en usant de mon génie propre et de mes atouts créatifs.

Dans ce domaine, je ne peux pas être comme tout le monde, ou alors je risque d'expérimenter un « décalage » peu agréable...

Il m'est demandé, ou conseillé ici, de développer mon indépendance de création et de réalisation, d'oser agir en pionnier au niveau d'un certain enseignement inédit, d'une technique nouvelle ou d'une méthode révolutionnaire..

Neptune dans les Maisons

La planète Neptune symbolise la grande inspiration du visionnaire. Elle évoque cette belle ouverture panoramique qui permet de capter de nombreux messages ou éléments lumineux issus des plans supérieurs.

Aussi, c'est dans la Maison où se trouve Neptune que je suis invité(e) à faire preuve d'idéalisme et d'inspiration.

C'est comme si Neptune amenait à dissoudre tout ce qui m'attachait à des valeurs passées devenues obsolètes.

Il est conseillé ici d'ouvrir ma porte à du nouveau, mais sans me laisser emporter par la vague des modes ou conditionnements religieux ou politiques.

Vérifiez cependant régulièrement vos digues personnelles, sinon vous risquez de vous y noyer...

Grâce à ce nettoyage, de préférence bien maîtrisé, je peux m'orienter vers un comportement plus compatissant, plus ouvert, plus empathique.

Ma manière de capter les messages subtils, de favoriser mon inspiration s'en trouve amplifiée. Ma médiumnité peut alors œuvrer positivement, si, bien sûr, je reste toujours très vigilant quant à l'origine des messages !

Il est impératif ici d'être suffisamment construit et de rester solide sur ses propres bases, pour éviter de se retrouver influencé par n'importe qui, ou de croire naïvement tout ce qu'on raconte dans les médias ou réseaux sociaux...

Il y a pour moi nécessité ici de discriminer sérieusement le vrai du faux, et tout en gardant bien mes pieds sur terre pour ne pas devenir un « gibier de secte » ou un « adepte manipulé » de petite ou grande religion.

Le risque est de rester dans le « trop brumeux », dans les mirages ou les illusions.

Les rêves peuvent être très sympathiques ou sources de créativité, mais certains d'entre eux, trop « neptuniens », peuvent emmener bien au-delà du possible.

À voir trop grand, trop haut ou trop loin, la déception guette et le malaise envahit vite le terrain psychique, surtout lorsque les contours, structures et cadres personnels sont flous.

Il m'est demandé ici de ne pas trop chercher à échapper à la réalité qui peut me rattraper très vite !

Neptune reste un allié pour les poètes et les musiciens, à condition qu'ils en fassent quelque chose de suffisamment incarné.

Bien géré, Neptune invite à une très belle inspiration artistique. Lorsque ce domaine est mal géré ou peu mature, on peut vite s'y perdre. L'ouverture devient dangereuse. La réceptivité trop grande se révèle être un piège... désincarnant !

Quelques cas de figure parmi d'autres

❶ Neptune en Maison I

Il m'est suggéré ici de ne pas négliger mon « génie inventif », de consolider ma structure intérieure et de m'appuyer sur des bases robustes et résistantes.

Sans ce retour permanent au concret, je risque ici de me retrouver dans une sorte de ««nébuleuse» où rien n'est construit, et où la cohérence minimale fait défaut.

C'est dans cette configuration qu'on retrouve de parfaits «zombies», ou des pèlerins qui zigzaguent ou naviguent d'une bouée à l'autre ou pratiquent un «zapping» de stages divers et variés dans une sorte de consommation abusive.

❷ Neptune en Maison V

Il peut être question ici d'un fort idéalisme sentimental.

Je peux être à la recherche d'un grand amour, rêver d'aventures inédites ou sentimentales et même être amené(e) à tenter diverses expériences amoureuses «hors cadre».

Ici, on peut tout faire, tout tenter ou presque, sans se soucier des limites habituelles. Il n'y a plus de règles classiques ou de morale convenue.

C'est comme si tout cela avait été dissout par un grand «nettoyeur intérieur» pour faire de la place, ou offrir de l'espace à tout ce qui alors pourra être perçu ou capté favorablement.

À noter

Est-ce à dire qu'on retrouve ici les meilleurs compositeurs, les artistes les plus inspirés ?

Tout dépend, bien entendu, de ce que chacun, ou chacune fait de ces pistes astrologiques concrètement dans sa vie et surtout, de la maturité personnelle et du niveau de conscience de la personne concernée.

Il y a ici un côté «joueur» à mettre en œuvre avec grande modération. L'illusion qu'on va finalement gagner gros peut conduire à de belles désillusions.

Le rêve a parfois ses limites... et ses gouffres !

❸ Neptune en Maison X

Pour voir grand, ici, on peut voir grand !

L'inspiration peut conduire à de grandes réalisations, et à la réussite d'un vécu collectif.

Avec cette configuration, je peux être invité à partager mon grand idéal communautaire, et monter mon association ou mon éco-village.

Certains se lancent ici avec passion et réussite dans de grandes entreprises au service des autres. *Les Restos du Cœur* en restent un bel exemple !

C'est ici que peut se forger et s'épanouir un fort idéal social.

Là encore, cet idéal ne pourra se traduire dans la réalité que si les bases personnelles sont fiables, solides et bien posées, afin que les beaux projets ne tombent pas à l'eau !

Pluton dans les Maisons

La planète Pluton propose d'atteindre un niveau de conscience suffisamment éveillé, d'éliminer tout ce qui se révèle superficiel, c'est-à-dire tout ce qui reste secondaire, accessoire ou sans nécessité et qui, en général, n'est pas très aisé à abandonner pour le commun des mortels.

C'est pourquoi, les invitations et les messages de Pluton restent bien souvent lettre morte, et que ce qu'il évoque se vit au fil de crises collectives peu confortables, des situations ou évènements perçus comme « imposés » alors qu'ils n'ont pour fonction que de « faire le ménage » et de préparer favorablement la suite !

Pluton invite surtout à « aller à l'Essentiel » !

Cette planète suggère fortement diverses renaissances à d'autres croyances, à d'autres énergies, à d'autres défis.

Incite-t-elle à oser toutes formes de « Résurrections » ? En tous cas, elle propose de s'engager dans des choix « plutoniens » car c'est en sachant perdre qu'on peut enfin gagner ! » et c'est lorsque que tout semble perdu qu'il est possible de revivre… autrement.

C'est lorsque le « handicap ou « l'accident » est là, que diverses résiliences, l'émergence de forces insoupçonnables, ou de créativités étonnantes peuvent voir le jour…

Une fois morts, la construction ou le fonctionnement périmé qui n'est plus utile peuvent émerger d'autres richesses, d'autres pistes et de belles surprises !

Ainsi, les expériences possibles au sein de cette Maison m'invitent à saisir au vol les meilleures occasions de transformation ou de détachement, qui vont me permettre d'aller à l'essentiel.

C'est-à-dire oser certaines mises à nu psychologiques, et surtout émotionnelles comme des lâcher-prises intérieurs difficiles, pour être plus authentique, loin de toute fioriture, de tout artifice, de toute convention.

C'est-à-dire prendre réellement conscience de la contribution la plus positive et la plus cohérente que je peux tenter d'amener à mon environnement et de manière plus générale, à la société qui m'entoure et me rapprocher au plus près de l'essentiel de ce que je peux avoir à faire, réaliser ou transmettre…

Pluton évoque ce pouvoir, cet absolu qui cohabite avec l'exigence extrême qu'il m'est demandé de réveiller un jour ou l'autre et qui peut être judicieux d'utiliser… mais surtout de maîtriser !

Si la conscience pour vivre cela n'est pas suffisante, alors il vaut mieux s'abstenir, ou, en tout cas, continuer à apprendre à cheminer vers plus de maturité, de cohérence et de sagesse.

À noter

D'une manière générale, dans le thème d'une personne soumise à l'entendement collectif, les messages de Pluton sont souvent stériles.

Ces pistes ne sont alors pas à considérer en priorité.

L'astrologue n'a pas grand-chose à apporter à ces consultants-là concernant cet assemblage Planète-Maison dans leur thème et dans leur vie.

Quelques cas de figure parmi d'autres

❶ Pluton en Maison III

La personne est ici invitée à aller au-delà d'un comportement froid et dur dans ses rapports avec les autres. Il est suggéré ici à l'idéologue de dialoguer avec le « commun des mortels »...

Il est aussi suggéré ici d'éviter le « tout ou rien », soit suivre les idées à la mode ou les discours ambiants, soit se perdre dans des extrémismes peu constructifs.

Un juste milieu reste à trouver pour amener avec justesse et finesse des idées nouvelles, inciter à la transformation personnelle ou collective, et expliquer clairement ce qui peut être nécessaire à l'émergence d'un monde meilleur.

C'est là où il faut chercher « le mot juste », la « phrase juste » ou la « parole qui tue » à l'image du Koan japonais ou de l'expression essentielle des choses et des êtres.

❷ Pluton en Maison X

La Maison du pouvoir devient ici celle des superpouvoirs, toutefois si je sais l'investir et m'en servir.

L'utilisation de ce « concentré de pouvoir » est à ma disposition, mais je dois en user au bon moment et au bon endroit et avec la conscience suffisante pour ne pas me brûler les ailes afin de réaliser de grandes et belles choses !

Cet assemblage me suggère d'accepter de prendre certaines responsabilités (leader, animateur de groupes ou collectifs, etc.).

Il m'est demandé de considérer le « côté progressif » des choses concernant l'exercice d'un pouvoir, quel qu'il soit.

C'est petit à petit que vont se construire les conditions les plus favorables à l'émergence, naissance ou renaissance d'un pouvoir juste et profitable.

À noter

Dans ces propositions, il est peu question de laisser une grande place aux sentiments ou aux états d'âme.

C'est pourquoi sagesse et conscience sont demandées ici.

Sinon risque de voir se profiler bien vite des rôles de dictateurs, de « patron voyou », ou autres tyrans qui imposent leur pouvoir sans tenir compte des autres, au mieux en les exploitant, au pire en les éliminant.

❸ Pluton en Maison XI

Il m'est suggéré ici de défendre mes opinions et convictions de façon impertinente et inébranlable.

C'est en restant très résolu et très tenace que je peux faire mon chemin dans ce beau décor.

Parfois, je peux avoir à ma disposition ces idées qui bousculent et font peut-être avancer le monde, le genre de phrases ou de discours qui peuvent marquer l'inconscient ou une époque…

À noter

La version « citoyen de base » se manifestera ici sous la forme du « râleur » partant par automatisme pour toutes les manifs du moment, brassant de l'air et, l'air de rien, concrétisant peu…

LES 12 SIGNES
DANS LES 12 MAISONS

MAISON I

De quelle manière je me ressens le mieux :

Bélier en Maison I

* En fonçant, en m'affirmant, en étant le premier.
* En restant actif, en donnant l'impulsion de départ des projets.

Résumé

De manière vive, rapide, spontanée.

« Passer à l'action, monter au créneau me donne un grand sentiment d'exister. »

Taureau en Maison I

* En étant calme, posé, méthodique et en prenant le temps.

Résumé

De manière douce, sensuelle, en savourant les choses à mon rythme, tranquille de préférence.

« Aller dans les détails avec bonheur et jouir d'une certaine perfection me donne un grand sentiment d'existér. »

Gémeaux en Maison I

* En développant curiosité, jeu, rencontre avec les autres.
* En restant gai et curieux intellectuellement, et en faisant des jeux de mots dès que possible.

Résumé

De manière très ludique et en laissant de la place à la gesticulation physique et mentale.

« Être dans le mouvement et la découverte en favorisant joie et enthousiasme me donne un grand sentiment d'exister. »

Cancer en Maison I

* En restant prudent, sensible, doux et réservé.
* En me réfugiant dans mon « cocon » protecteur.
* Et en développant mes côtés maternants et sécurisants.

Résumé

De manière poétique et rêveuse, et aussi en me comportant en gentil, protecteur ou tuteur calme et serein.

« Trouver ma place ou l'endroit où je suis vraiment bien me donne un grand sentiment d'exister. »

Lion en Maison I

* En me mettant seul en scène et en brillant aux yeux des autres.
* En me faisant remarquer par mes côtés théâtraux.
* Et en développant mes capacités de créateur inspiré.

Résumé

De manière emphatique, voire grandiloquente, et avec mon rire communicatif ! Avec une grande et fière vision de moi…

« Briller et faire tout pour être vu, admiré et surtout reconnu me donne un grand sentiment d'exister. »

Vierge en Maison I

- ⋆ En organisant concrètement, en classant, en mettant de l'ordre dans toutes choses et en améliorant mon environnement.
- ⋆ En développant mon sens du service et ma puissance d'incarnation.

Résumé

De manière sérieuse, précise, fiable et cohérente.
Avec rectitude et discipline intérieure.

« Constater que j'avance dans mon perfectionnement et ma pureté et que je suis efficace dans le domaine du mieux-être et de la santé me donne un grand sentiment d'exister. »

Balance en Maison I

- ⋆ En restant dans le raffinement, le beau et l'harmonie.
- ⋆ En développant mes relations amicales et mon charme personnel.

Résumé

De manière cordiale et policée.
Avec esthétisme, grâce et paix

« Être en paix, dans l'harmonie, voire la réconciliation et entouré de celles et ceux que j'aime me donne un grand sentiment d'exister. »

Scorpion en Maison I

* En restant dans l'intensité, la passion et l'authenticité.
* Et en développant, dans le secret, l'accès à ma richesse intérieure.

Résumé

De manière envoûtante ou mystérieuse, avec une forme de séduction magnétique, et dans la recherche d'une fusion émotionnelle sans compromis.

« Vivre des sensations fortes et des vibrations intenses, quitte à souffrir plutôt que de ne rien sentir, me donne un grand sentiment d'exister. »

Sagittaire en Maison I

* En restant dans l'ouverture, en m'orientant vers les grands espaces et en brassant de grandes idées ou théories abstraites.

Résumé

Dans une quête de justice et d'un idéal spirituel.
En cherchant à partager, expliquer et convaincre…

« Trouver un but élevé et partir en mission défendre des causes justes me donne un grand sentiment d'exister. »

Capricorne en Maison I

* En restant ambitieux dans ma progression sociale, en m'engageant dans un rôle de pouvoir au service des autres.

Résumé

De façon constante, déterminée, responsable et infiniment sérieuse ! En mettant de côté sentiments et pleurnicheries.

« Organiser et diriger mon monde et trouver mon rôle essentiel et quelque peu paternaliste me donne un grand sentiment d'exister. »

Verseau en Maison I

* En restant dans la remise en question, la contestation et le désir de réforme.
* En proposant de changer les choses et en inventant de nouveaux comportements pour de nouvelles pistes sociales.

Résumé

De façon militante et avant-gardiste. En faisant autrement et parfois en provoquant.

« Me sentir différent(e) et moderne, interpeller voire bousculer les autres me donne un grand sentiment d'exister. »

Poissons en Maison I

* En me mettant en état d'ouverture, d'inspiration profonde et en cherchant à vivre l'amour universel au sein de larges et grands horizons de conscience.

Résumé

De façon très serviable, et en étant disponible aux autres avec compassion et générosité. Adaptable aux situations les plus dures, en utilisant ma grande intuition, et en restant bien aligné sur mon « canal intérieur », avec confiance et foi en un avenir meilleur.

« Devenir un messager du futur,
un enseignant spirituel, voire un passeur
d'âmes, me donne un grand sentiment d'exister. »

MAISON II

De quelle manière je gère et fais progresser mes moyens et mes acquis :

Bélier en Maison II

* En mettant de l'ardeur à la tâche et en écoutant mes intuitions vives.
* En osant utiliser mes impulsions rapides au service de mes talents.
* **Côté argent :** possibles fluctuations suivant l'humeur...

Il m'est ici conseillé de modérer mon impulsivité pour ne pas trop dilapider mes avoirs ou regretter par la suite des choix trop hâtifs.

Taureau en Maison II

* En restant bien prudent(e), en progressant lentement, mais sûrement !
* J'aime posséder et je m'identifie volontiers à mes biens matériels, à mes avoirs divers.

Il m'est ici conseillé d'éviter de trop mettre de côté (sans y toucher). Un peu de circulation financière ne gâche rien !

Gémeaux en Maison II

* En utilisant ma grande mémoire, mon intelligence mobile et mon sens de l'improvisation et de l'humour.
* En mettant en œuvre ma capacité à persuader, expliquer, convaincre et à tisser diverses relations.

Il m'est ici conseillé de me méfier du superficiel ou du baratinage. Attention à un éventuel goût du jeu et une certaine propension à jouer avec l'argent…

Cancer en Maison II

* En restant soucieux de bien gérer en bon père de famille.
* En respectant mon besoin d'être sécurisé et d'accroître mon patrimoine familial.
* **Côté argent :** ma peur de manquer me pousse vers des avoirs sûrs et des gains stables.
* J'ai le souci de transmettre un bon héritage.

Il m'est ici conseillé de ne pas jouer les avares.

Lion en Maison II

* En m'orientant vers des avoirs qui se voient et qui vont nourrir mon image.
* En choisissant des choses qui brillent et peuvent me valoriser. Serais-je doué pour paraître dans le luxe, même quand je n'ai pas un sou ?

Il m'est conseillé ici d'être un peu plus simple, moins vaniteux, moins narcissique. « Tout ce qui brille n'est pas or », dit-on…

Vierge en Maison II

* En vrai expert, très pointu, très technique !
* En affinant sans cesse mes méthodes de gestion. En restant heureux de mettre mes avoirs au service des autres (associations, fondations, etc.).

Il m'est conseillé ici de considérer que le mieux est l'ennemi du bien. Et d'oser me distraire un peu…

Balance en Maison II

* En aimant avoir un niveau de vie qui me permette d'exprimer mon bon goût et de satisfaire mes désirs de luxe délicat et raffiné.
* En m'orientant vers des biens artistiques, sans en faire étalage.

Il m'est conseillé ici de ne pas rester trop naïf, et de ne pas trop tenir compte de l'avis des autres.

Scorpion en Maison II

* En osant prendre des risques et en suivant mes coups de cœur au sein de mes investissements.
* En avançant masqué, et en cachant de prime abord mes dons et talents.

Il m'est conseillé d'éviter tout auto-sabotage et de m'éloigner d'un comportement extrémiste. Ce n'est pas parce qu'on aime jouer qu'on gagne à tous les coups !

Sagittaire en Maison II

* En m'engageant dans le domaine de la philosophie, de la politique ou de la religion.
* L'étranger peut aussi faire partie de mes champs d'activités.
* En osant, par ailleurs, m'investir au sein de grands groupes humains, et toujours prêt à élargir les frontières…

Il m'est conseillé ici de ne pas rester fixé sur de trop grandes attentes et des élans trop idéalistes, au risque d'être déçu !

Capricorne en Maison II

* En restant toujours bien organisé, précis et clair.
* En utilisant mon sens des affaires, c'est-à-dire en choisissant d'investir plutôt dans l'entreprise et dans le productif tout en gardant les pieds sur terre, et en restant conscient de mes limites.

Il m'est cependant conseillé ici de ne pas rester trop raisonnable et d'oser aller un peu au-delà des limites que mon mental raisonnable m'impose…

Verseau en Maison II

* En me démarquant des autres !
* En restant innovant, original dans la manière d'utiliser mes dons, et en cherchant à mettre ce que j'ai au service de réformes novatrices.
* En préférant les idées ou les grandes théories, plutôt que la comptabilité ou la solide concrétisation ! Et en aimant travailler en équipe, en groupe.

Il m'est conseillé de ne pas trop nourrir mes utopies et de tenir compte des contingences matérielles pour rendre plus efficaces mes élans relationnels.

Poissons en Maison II

* En oscillant entre tout donner, tout garder et collectionner.
* En considérant que les choses matérielles n'ont pas d'importance, et devenant paradoxalement le plus irrationnel des conservateurs.
* En utilisant par ailleurs mes dons médiumniques ou mes capacités d'écoute de l'autre (relation d'aide et psychothérapie).

Il m'est conseillé ici d'être plus présent, et d'utiliser certaines possessions ou moyens personnels pour mieux m'incarner, et m'ancrer…

MAISON III

De quelle manière, je pense, j'apprends, je réfléchis, communique et rencontre les autres :

Bélier en Maison III

* Je pense par éclairs successifs que j'appelle mes petites illuminations.
* J'aime prendre l'initiative de la rencontre et cherche à garder la position dominante.
* Je comprends vite et donc j'étudie rapidement.
* Je suis pressé(e) d'apprendre, mais ce qui est appris n'est pas toujours bien intégré !
* Je préfère foncer qu'approfondir et passe vite à autre chose.

Conseils

Osez-vous poser un peu et prendre le temps de réfléchir.

Taureau en Maison III

* Je pense pratique, je parle en prenant mon temps, et j'apprends lentement mais sûrement.
* Ma rencontre avec l'autre a besoin de se faire en plusieurs phases et le coup de foudre pour moi se joue au ralenti.

* Je préfère réfléchir aux choses pratiques plutôt que de m'aventurer dans de grandes théories abstraites.
* J'aime explorer le plus concrètement possible les choses de la vie.

Conseils

Ne vous perdez pas dans les détails, allez à l'essentiel. Et osez sortir un peu des sentiers battus !

Gémeaux en Maison III

* Cette maison est mon domaine privilégié, j'y suis en général très à l'aise.
* J'adore jouer avec les idées, les pensées, les mots.
* Je déborde de curiosité et d'enthousiasme à l'idée de chercher à découvrir de nouvelles choses ou des personnes inconnues.
* Je préfère découvrir qu'apprendre, privilégie les cours courts, plutôt que les enseignements de longue haleine.
* Je me méfie des discours alambiqués, j'ai surtout besoin de démonstrations car je peux ainsi vite m'adapter, copier ou reproduire… Pour peu qu'il y ait un peu de jeu, j'apprends encore plus rapidement et avec joie !
* En résumé, j'apprends par moi-même et surtout par imitation.

Conseils

Osez persévérer un peu dans l'apprentissage et la compréhension des choses. Ne pas chercher sans arrêt la nouveauté du jour, mentale ou intellectuelle !

Cancer en Maison III

* Je rencontre avec prudence et circonspection. Je me méfie des têtes nouvelles, pour ensuite ne pas les quitter une fois apprivoisées.
* Mon intellect reste souple et hyper-intuitif. Je m'oriente plutôt vers les choses fines, subtiles et poétiques.
* J'aime découvrir à l'aide de ma sensibilité sans faire appel à la logique. Je fonctionne beaucoup dans le ressenti et mon registre émotionnel est riche.
* En résumé, je suis plus sensitif qu'intellectuel, plus à l'aise dans le subjectif que dans l'objectif !

Conseils

Sortez un peu de votre coquille. Osez vous aventurer hors du connu ou du traditionnel…

Lion en Maison III

* Lorsque je rencontre les autres, je suis particulièrement soucieux de mon apparence et de l'effet que je peux produire.
* **Côté intellect :** je veux surtout qu'on reconnaisse combien je suis doué.
* **Côté communication :** j'offre volontiers de grandes explications ou des conférences brillantes. Aussi j'aime œuvrer chez les « incultes », car au royaume des aveugles les borgnes sont rois !

Conseils

Un peu de modestie, que diable ! Osez écouter l'autre en vous exprimant et vous adapter un peu plus à lui lors de la rencontre.

Vierge en Maison III

- J'ai un mental très analytique et d'une logique implacable. Mon discours est prioritairement technique. Du pratique, pas des envolées lyriques !
- J'aime m'aventurer dans les détails, ou dans le labyrinthe des raisonnements, au risque de rester stérile et de couper les cheveux en quatre.
- **Côté études :** je prends du temps pour peaufiner les détails de mes tableaux et textes de présentation. J'adore avoir et proposer un cadre clair et cohérent ainsi que des pistes ou repères très concrets à ma réflexion.

Conseils

Osez sortir un peu de vos cadres mentaux sécurisants. Osez aussi « surfer » un peu plus sur les contenus de vos pédagogiques.

Restez un peu moins focalisé(e) ou concentré(e) sur certains points, tentez une approche plus globale, plus holistique…

Balance en Maison III

- J'aime rencontrer l'autre avec élégance, et je reste soucieux d'harmonie et de beauté.
- Mes pensées s'orientent plutôt vers les romans à la mode que vers les livres de philosophie. Je préfère les études liées aux Beaux-arts, à l'esthétique, à la décoration et au « bien-vivre ».
- Je pense généralement « comme tout le monde », avec un côté plutôt conventionnel dans la mesure où je cherche à plaire à tous plutôt qu'à m'adresser à une minorité en restant marginal.
- Je m'oriente vers les expos, la littérature, tous ces éléments de culture traditionnels…

Conseils

Osez être moins soucieux de ressembler à tout le monde. Faites-vous vraiment les choses que vous aimez, ou simplement pour plaire ou respecter la bienséance ?

Quelques petits écarts personnels ne vous feront pas de mal !

Vous risqueriez de manquer d'oxygène à trop vous plier aux critères mondains !

Scorpion en Maison III

* J'ai à ma disposition un mental de psychanalyste. En effet, je peux percer très vite l'inconscient des autres et devenir puissant dans mes analyses de l'humain.
* **Côté rencontre :** il paraît que mon regard magnétique «déshabille» et peut parfois faire peur à celles et ceux qui n'ont pas envie d'être « radiographiés ».
* **Côté discussion :** il me faut du partage intense et passionné.
* En résumé, il est difficile de me mentir car lire dans les pensées est ma spécialité ! Jouer au grand Fakir également !

Conseils

Osez rester plus « cool », et essayez d'être un peu plus doux en un mot plus charmant.

Mettez-vous à la portée de l'autre. Faites plus simple, et arrêtez un peu la « mise sous hypnose » !

Sagittaire en Maison III

* Mon mental s'enthousiasme de toute exploration philosophique ou psychologique et je m'anime ou m'enflamme lorsqu'il est question de mes grands sujets préférés.

* J'aime ce qui est lointain, et je parle de voyages ou de rencontre d'autres cultures.
* J'ai besoin, pour être motivé(e) d'œuvrer pour un but élevé, et de faire le nécessaire pour améliorer les choses de la vie.
* Je veux perfectionner les idées courantes, rendre plus juste les systèmes humains.
* Côté rencontres, j'ai besoin que les gens partagent le même enthousiasme et les mêmes idées que moi.

Conseils

Osez trouver des buts plus réalistes et plus concrets sans vouloir toujours « sauver le monde ! Orientez-vous vers des choses réalisables ici et maintenant, vous éviterez de vous décourager !

Capricorne en Maison III

* Mon mental est essentiellement pratique et a besoin de sentir ce qui va être utile à la société.
* Aussi j'ai intérêt à apprendre l'économie et les mathématiques car c'est ce qui met en marche mon intellect, et l'aide à devenir de jour en jour plus performant.
* Mon style de communication et de rencontre est assez conformiste, classique, voire discret. J'ai parfois tendance à rester isolé dans ma tour d'ivoire au sommet de ma supériorité. « Si ces gens n'ont rien d'intéressant à dire, je quitte la soirée ! »

Conseils

Un peu de souplesse, de tolérance... et un peu moins de sélection. Vous pourriez paraître impoli(e) à rabaisser ainsi les autres ! Osez un niveau plus ordinaire, de temps en temps, vous socialiserez mieux !

Verseau en Maison III

* J'aime brasser des tas de grandes idées dans ma tête, et les intégrer dans mes discours réformateurs.
* Je voudrais changer le monde même si je n'en ai pas les moyens !
* J'oriente mes recherches, mes réflexions et mes études vers tout ce qui paraît original ou d'avant-garde et surtout ce qui concerne l'humain et la vie en société. Le monde social est mon univers préféré !
* **Côté rencontres :** je cherche la différence, et préfère côtoyer des gens pas trop conventionnels à qui je vais un peu chercher à imposer mon ou mes points de vue.
* Je ne suis apparemment pas un champion de l'écoute de l'autre, car je reste trop sûr d'avoir pleinement raison !

Conseils

Trouvez de petites solutions concrètes à appliquer au quotidien, plutôt que d'échafauder des discours contestataires, en restant trop dans la critique. Préférez la construction réelle et tangible…

Un peu de réalisme peut éviter de mettre à la poubelle certaines habitudes et organisations sans rien apporter de mieux.

Poissons en Maison III

* Mes idées et mon mental évoluent dans un grand décor « océanique ». Les rêves y dominent comme la science-fiction et tout ce qui paraît ésotérique ou spirituel.
* J'apprécie de m'évader dans ce genre de littérature. J'ai un fonctionnement très plastique et un inconscient très souple.
* **Côté rencontres :** je suis capable de m'adapter à tous à tel point qu'on a du mal à me situer, tellement je suis mobile.

* Très ouvert, très réceptif, et semblant un peu passif, je me laisse inonder ou porter par tous les flots émotionnels et subtils qui m'environnent. Je suis vite lassé si je cherche à me concentrer ou me focaliser sur un point bien précis.

Conseils

Quittez de temps en temps les hautes sphères ou remontez du fond « du Grand bleu » !

Apprenez à vous recentrer, à vous spécialiser, à trouver un intérêt précis qui vous permettra de vous y reconnaître un peu dans vos tempêtes intérieures.

En résumé : Osez réatterrir !

MAISON IV

De quelle manière, je construis ma base matérielle et psychologique, comment je me relie à mes racines familiales, sociales et gère mon lieu de vie :

Bélier en Maison IV

* **Mon lieu :** j'aime souvent changer d'endroit dans une suite d'emballements successifs pour la construction de mon foyer. J'aime être pionnier en la matière et choisis tout ce qui est nouveau, des nouvelles techniques ou nouveaux matériaux. Une grande mobilité et une perpétuelle envie d'autre chose…
* **Construction :** mon impulsion créatrice me pousse en avant. C'est dans le mouvement que j'ai l'impression de me relier à mes racines sans doute nomades. C'est lorsque je bouge et agis que je me sens en accord avec mes profondeurs…

Conseils

Osez une certaine stabilité pour arriver à vous « installer » un peu et trouver un équilibre dans le mouvement sans avoir l'impression de vous enfermer.

Taureau en Maison IV

* J'ai un grand désir de stabilité qui confine à l'inertie. Je veux un patrimoine solide et sécurisant dans un esprit plutôt conservateur.
* **Lieu :** je préfère un lieu traditionnel, celui de mes ancêtres, village ou propriété familiale. J'ai une relation très charnelle avec ce cadre de vie du passé, objets anciens, odeurs, goûts, etc. Je ne jette rien et reste attaché à tous ces témoignages, avec même une certaine tendance à reproduire les scénarios ou schémas anciens dans une répétition inconsciente de la vie de mes parents ou grands-parents.
* **Construction :** je progresse avec persévérance et patience. J'aime ce qui est « bien fini » et quand je réalise quelque chose j'aime prendre mon temps. Je ne change pas d'avis en cours de route ayant plutôt fait le choix de la fixité plutôt que la dispersion. L'essentiel pour moi est de produire du concret et qu'il soit impeccable.

Conseil

Osez certaines nouveautés dans la maison.
Un peu de fantaisie ne gâche rien !

Gémeaux en Maison IV

* **Lieu :** je préfère une maison ouverte où je peux recevoir du monde, échanger et faire la fête. J'apprécie un décor jeune et surtout coloré.
* **Racines :** tant que je rencontre du monde et que j'échange de nombreuses idées, je me sens à ma place. La solitude tranquille n'est pas ma tasse de thé et j'ai une nette préférence pour la communication sur tous les plans.

Une loge de gardienne m'ira mieux qu'un grenier isolé et silencieux.

Conseil

Osez grandir un peu! Essayez d'approfondir les choses et de moins rester en surface, histoire de creuser vos racines.

Cancer en Maison IV

Ce signe est ici chez lui, c'est son domaine privilégié...

* **Lieu :** j'aime construire mon nid symbole de ma sécurité. J'ai besoin de me poser dans un lieu où je puisse me sentir bien et qui soit solide, avec de gros murs en pierre, et de préférence avec un point d'eau. J'ai besoin d'un lieu protecteur qui m'isole de la foule et du bruit, une «base de repli», un havre de paix plein d'objets familiers, mais où les visiteurs sont filtrés...
* **Racines :** j'ai le besoin fondamental d'avoir des racines effectives, affectives et sécurisantes pour être dans mon élément.

Conseils

Apprenez à vous éloigner un peu de ces liens du passé. Trouvez vos racines en vous, et ne restez pas trop attaché au lieu de votre enfance. Découvrez la force qui est en vous et qui ne dépend pas des énergies de votre « base ancestrale » !

Lion en Maison IV

* **Lieu :** j'aime avoir une maison qui brille, grande de préférence, remplie d'œuvres d'art dans un quartier huppé avec un ensoleillement maximal !
* **Racines :** j'aime évoquer un ancêtre « glorieux », quitte à inventer un « mythe familial ». Si la maison dont j'ai pu hériter est trop sombre, je n'hésiterais pas à la quitter pour un décor plus lumineux.

Conseils

Et si vous tentiez de « faire plus simple » ? Il est possible de trouver la brillance en soi plutôt que de l'afficher ostensiblement. Vos constructions créatives extérieures peuvent être des tremplins ou des passages vers vos racines ou richesses intérieures...

Vierge en Maison IV

* **Lieu :** j'apprécie une maison à la campagne, avec de la terre à cultiver de préférence très fonctionnelle, bien installée, bien rangée et où, comme la fourmi de la fable, je pourrai faire de bonnes réserves pour l'hiver !
* **Racines :** je m'appuie volontiers sur les traditions, j'utilise des recettes ancestrales qui ont fait leurs preuves. J'aime récupérer les techniques et trouvailles du passé pour les améliorer et les mettre au goût du jour.

Conseils

Vous êtes invité(e) à bien mettre en pratique vos idées concernant l'écologie et le mieux-vivre, sans trop de pinaillages ou de rigueur perfectionniste. Pourquoi ne pas faire merveille dans les domaines de la Géobiologie, du Feng-Shui et des Énergies renouvelables ?

Balance en Maison IV

* **Lieu :** j'ai très envie d'une belle maison, moderne, luxueuse et raffinée où recevoir avec classe et élégance, pour des soirées mondaines ou plus conventionnelles.
* **Racines :** j'aime sentir que mes proches vont bien et que mes enfants ne manquent de rien. J'ai besoin d'harmonie, d'entente familiale et d'une ambiance de vie paisible.

Conseils

Autorisez-vous à agir vraiment suivant vos propres goûts plutôt que de suivre par habitude la ou les modes du moment.

Et par ailleurs, évitez de trop chercher à bien paraître aux yeux des autres et de la société environnante.

Scorpion en Maison IV

* **Lieu :** j'aime habiter une « maison secrète » où il faut presque montrer patte blanche pour rentrer. En tous cas, rien dans ma maison, ne laissera transpirer ce que je suis vraiment ! Tout semble ordinaire… Détrompez-vous ! Les seules choses que vous trouverez sont celles qui témoignent de mes passions ! Objets, disques, photos sont riches d'émotions passées et d'intensités vécues.
* **Racines :** elles sont assez mystérieuses… Quels secrets familiaux, quelles puissances héritées restent derrière le rideau ? Il m'est nécessaire de sonder ces mystères pour trouver plus clairement mes racines du fond et puiser dans ces forces souterraines. Serais-je comme le Phoenix qui renaît de ses cendres, et que rien ne peut réellement détruire ? C'est en partant du « fond du trou » que je peux enfin rebondir et être pleinement dans mon énergie.

* **Mon foyer :** il ressemble parfois à un ring ou à une grande arène. S'il semble conflictuel, c'est parce qu'il cherche à rester authentique.

Conseil

Un peu moins de tensions et un peu plus de sérénité ! Une certaine paix partagée, même si elle paraît ennuyeuse à vos yeux, enrichira vos bases. Vous n'êtes pas obligé(e) de vous faire souffrir pour sentir quelque chose ou créer de la dynamique !

Sagittaire en Maison IV

* **Lieu :** j'ai besoin d'espace et point de vue panoramique. J'aime une maison « perchée » et qui reste ouverte sur son environnement pour admirer l'horizon libre, sans limites trop matérialisées.
* **Racines :** réveiller mon pouvoir personnel, trouver ma force pour la mettre au service d'un grand idéal est mon axe central. J'ai besoin de puiser dans le bel enthousiasme que j'ai toujours en stock pour activer mes racines et réveiller mon côté « enseignant universel ». Mon foyer est aussi le lieu où je peux me dynamiser, pour peu que je côtoie des personnes intéressantes et passionnées…

Conseils

Modérez un peu votre chère « énergie de feu ». Apprenez à la doser, à trouver la juste mesure. Osez vivre de temps en temps « à feu doux » !

Capricorne en Maison IV

* **Lieu :** je préfère habiter une bonne vieille maison en pierre, un antre solitaire ou une grotte d'ermite dans une sobriété qui témoigne de l'essentiel.
* **Racines :** elles sont solides et très intériorisées, atteintes après une longue « quête », riche de méditations et de grands silences. Règles et devoirs sont au programme. Mon foyer peut sembler austère, par son manque de chaleur et de décor.

Conseils

Osez mettre un peu de gaité et de couleurs dans votre maison et dans votre vie. Osez jouer un rôle dans la société (Mairie, clubs, éducation, etc.). Cela vous donnera de la force et réveillera votre énergie.

Verseau en Maison IV

* **Lieu :** ma maison est bizarre et originale. Elle se veut unique, remplie de gadgets d'avant-garde, parfois connectée avec le dernier Ipad ou produit Hi-tech ! Elle est aussi faite pour recevoir beaucoup d'amis.
* **Côté foyer :** un milieu familial souvent farfelu, original ou marginal.Une mère sur les barricades ? Un oncle chez les pygmées ? Un cousin précurseur du Rap ?
* **Racines :** je réveille ma puissance en me voyant innovateur, voire révolutionnaire ! Cela m'excite et je cherche donc des alliés pour m'accompagner.

Conseils

Ne cherchez pas systématiquement à vous différencier et essayer surtout de concrétiser vos belles idées par des réalisations simples et à votre portée, en vous éloignant des grands discours.

Poissons en Maison IV

- **Lieu :** j'apprécie une maison accueillante, chaleureuse, maternelle et accueillante. Il peut m'arriver d'en faire un asile ou un refuge pour récupérer quelques SDF ou immigrés du coin.
- **Racines :** je cherche à trouver mon équilibre à partir de cette base instable et mouvante. Ma force réside dans le fait de me sentir utile au monde, au service des autres. Ai-je besoin d'une religion qui me guide comme un phare au sein du brouillard ? Ou bien ai-je à apprendre, à marcher sur l'eau comme Jésus ?

Conseils

Choisissez un endroit stable ou fixez-vous des repères bien tangibles. Posez vos pieds sur une terre solide. Donnez-vous un « axe de foi » qui vous aide à avoir confiance en la vie, et stabilise votre belle progression. Accrochez-vous à du solide, pas à du rêve !

MAISON V

De quelle manière j'exprime et extériorise mes capacités et mes pouvoirs, ma créativité dans les arts, sports, et jeux, mon comportement et mon apparence :

Bélier en Maison V

* J'aime m'activer avec beaucoup d'ardeur, d'impulsivité et de dynamique. J'apprécie donc les sports plutôt vifs, voire violents, où il y a de l'adrénaline.
* **Côté artistique :** il m'intéresse assez peu. J'aime commencer les choses et pas forcément les finir ! Seule m'excite la perspective de la nouveauté.
* Ma manière d'exprimer mon amour ressemble plus à un feu de paille qu'à une longue déclaration. J'exprime surtout mon envie de changement !
* **Habits :** j'aime m'habiller jeune et être à l'aise dans mes mouvements.

Conseils

Vous êtes invité à vous calmer un peu, et, par ailleurs, mieux tenir compte de l'autre. Entre s'occuper de soi et ne penser qu'à soi, il y a une différence !

Un peu moins d'impulsivité vous permettra souvent de faire de meilleurs et plus durables choix...

Taureau en Maison V

* Pour m'exprimer, je m'autorise un rythme lent. Je prends mon temps pour bien emballer mes phrases, et peaufiner mon discours. Lorsque je me mets à expliquer quelque chose, j'y passe des heures...
* Quand je crée, j'aime rester tranquille et attendre l'inspiration.
* Je m'oriente plutôt vers les arts plastiques, le modelage ou la sculpture. J'aime travailler la matière et donner vie à du concret.
* **Côté sport :** il ne faut pas me brusquer. L'endurance me va bien...
* **Amour :** ma manière d'exprimer mon amour se caractérise par la douceur, la lenteur et surtout la sensualité. En ce qui concerne mes émotions, j'aurais tendance à les laisser mijoter à feu doux, ce qui peut m'amener à bouder longtemps pour digérer mes petites ou grandes contrariétés.
* **Habits :** je choisis plutôt le vêtement qui dure. Matières solides et coupes classiques ont ma préférence, avec un peu d'esthétique quand même ! J'aime en premier lieu que ce soit confortable et pratique. Le costume du travailleur plutôt que la parure du courtisan !

<u>Conseils</u>

Osez un peu plus d'enthousiasme et de dynamique dans votre expression personnelle. Prenez certaines initiatives. Il n'est pas interdit d'allumer le feu avec autre chose qu'en frottant deux bouts de bois... Ne restez pas trop dans l'attente ! Dites-vous : « Je démarre avant que l'autre en ait marre ! ».

Gémeaux en Maison V

* M'exprimer, encore et toujours, me va très bien. Si je suis doué pour la parole, les émotions en revanche ne sont pas ma tasse de thé !
* Ayant une grande curiosité intellectuelle, j'aime expérimenter un peu tous les arts. Je touche à tout ce qui fait du bruit, et qui comporte de la couleur et de l'animation. Les danses n'ont aucun secret pour moi tant que « ça bouge dans tous les sens » !
* **En sport :** je choisis les activités qui demandent beaucoup d'habilité et s'apparentent davantage au jonglage qu'à l'haltérophilie. Faire mon petit cirque me va bien !
* **Amour :** ma manière d'exprimer mes sentiments s'appuie sur une grande curiosité de ma part, et une belle envie de jouer. J'aime surtout virevolter et rester survolté !
* **Côté parole :** on a du mal à me faire taire. Si je semble superficiel et sans intérêt, c'est qu'on n'a pas senti chez moi qu'un train de mots en cache un autre !
* **Habits :** j'aime les vêtements garnis de volants qui ressemblent à des déguisements avec plein de nœuds, et de jolis foulards. J'aime le style « les cheveux au vent... ». De la légèreté, que diable ! Et qu'importe ma dégaine d'ado, ou ma tendance à porter des tee-shirts trop longs !

Conseils

Osez mettre un peu de constance au cœur de toutes vos aventures expressives et relationnelles. Évitez de trop changer d'objet d'amour, même si, en général, vous avez beaucoup plus envie de découvrir que de vous attacher...

Cancer en Maison V

* D'une manière générale, je m'exprime peu et reste plutôt réservé. J'ai surtout besoin de me sentir en confiance pour m'extérioriser. C'est lorsque je me retrouve dans un milieu choisi que je peux me sentir rassuré, et ainsi à l'aise pour me livrer et donner ma pleine mesure. En effet, la moindre émotion me bloque, et provoque un repli sur moi. Je me réfugie alors dans mes rêves, dans les brumes de mes labyrinthes intérieurs comme un petit crabe qui se cache dans son trou humide à chaque vague nouvelle... Cependant, lorsque je sors de ma timidité, je peux alors dire de très belles choses, poétiques et romantiques...
* **Côté amour :** c'est un domaine que j'aime aborder en rêveries sentimentales, plutôt que d'avoir à confronter une réalité engageante et quotidienne. J'ai tendance à attendre que l'autre se déclare, et fais rarement le premier pas, ou, quand il m'arrive de le faire, je laisse tomber l'affaire au moindre petit « Non » qui pourrait dire « Oui » !
* Je reste très sensible lorsque j'extériorise mes émotions. J'ai peur d'avoir mal si je me mets à nu et que j'enlève ma carapace protectrice... Est-ce avec mes petites larmes que je séduis le plus facilement, attirant ainsi l'attention et la protection de quelqu'un de fort et de stable ? J'adore lire Lamartine et les romans à l'eau de rose parsemés d'intrigues sentimentales.
* **Habits :** je préfère les vêtements discrets, modestes. Je n'aime pas me faire remarquer et choisis des couleurs sobres. Peu de bijoux, ou alors des breloques anciennes et un maquillage peu visible...

Conseils

Osez rester un peu plus digne et moins larmoyant.

Un peu plus d'audace, et de témérité !

Osez vous mettre en avant, osez l'initiative, l'action directe.

Sortir de votre coquille vous permettra de dépasser votre timidité ordinaire, et vous évitera de vous enfermer dans vos craintes récurrentes.

Lion en Maison V

* J'adore créer et exprimer la panoplie de mes beaux talents et quoi que je dise ou manifeste, c'est pour témoigner que j'ai réussi !
* Je sais transformer le banal en grandiose et sublimer l'ordinaire en extraordinaire. Rester théâtral m'est très facile. Je sais me mettre dans l'axe du Soleil ! Et offrir des œuvres « éclatantes ». Tout cela sans douter une seconde qu'on puisse ne pas admirer mes réalisations et mes communications.
* **Amour :** je n'ai aucun problème pour exprimer mes sentiments. C'est avec art et grandiloquence que je fais mes déclarations d'amour. En ce domaine, je reste très généreux, mais il faut que ça se sache !
* **Habits :** j'aime me mettre en valeur avec des vêtements colorés et solaires. Alors, si c'est jaune et que ça clignote, j'adopte tout de suite ! Il semble que je brille par mon bon goût, mais il paraît que j'ai tendance à en faire un peu trop !

Conseils

Allez ! Un peu de modestie... Et si vous en « faisiez un peu moins » pour calmer le jeu un tant soit peu, même si le peu vous rebute et vous démobilise...

Vierge en Maison V

* Je m'exprime de préférence pour expliquer, démontrer ou préciser des données pratiques et concrètes. Ma communication se veut très sérieuse et très directe.
* J'aime rester clair et net et mes extériorisations ont besoin d'un cadre bien posé, bien dessiné.
* **Sport :** si je fais du sport, c'est pour l'hygiène corporelle, pour un vrai « mieux-être » et non pour la compétition. Je m'applique, je perfectionne. Une certaine insatisfaction peut me gagner à force de toujours trouver que ce n'est « jamais assez bien »...
* **Émotions :** si j'exprime mes émotions, c'est pour aboutir à un réel nettoyage intérieur. Naturopathique, en quelque sorte...
* **Amour :** je cultive plutôt des sentiments raisonnables. J'aime les applications pratiques de mes sentiments. J'apprécie lorsque l'amour nous amène à travailler ensemble. Les grands coups de passions font peu partie de mon paysage amoureux. Restons sérieux, on ne s'engage pas avec n'importe qui ! Je m'oriente peu vers de grandes déclarations, et j'ai surtout le souci d'une bonne pratique sexuelle.
* **Habits :** mes vêtements sont en priorité pratiques et durables. Je préfère un bon tablier qu'une robe transparente. Un bon tissu bio, un coton qui se lave sans rétrécir, aura mes préférences.

Conseils

Osez mettre un peu de fantaisie dans votre look et être un peu moins raisonnable ! Dépensez un peu d'argent. Faites fi des économies trop contrôlées !

En un mot : Lâchez-vous un peu...

Balance en Maison V

* J'aime partager mon ressenti, avoir quelqu'un en face de moi, de préférence un proche ou un conjoint à qui communiquer mes élans et mes états d'âme.
* Ma créativité n'est pas solitaire, elle a besoin de la chaleur humaine de l'autre. J'ai besoin d'être écouté(e) !
* **Sport :** c'est parfait si nous nous entraînons ensemble. Courir seul(e) me fatigue vite. Danser à deux, chanter à deux, et même jouer au ping-pong, me va bien. M'activer en couple décuple mes énergies. L'autre m'encourage, me dynamise.
* **Amour :** le baisemain a toutes mes faveurs... L'amour courtois côtoie mes envies en la matière. J'aime parler d'amour et toute forme de séduction me donne des frissons... C'est aussi bien sympathique et bien pratique si celui que j'aime est également riche !
* **Habits :** vêtements chics et compagnies font partie de mon vestiaire mondain. De la classe, du bon goût ! Une superbe harmonie des couleurs comble mes envies vestimentaires.

Conseils

Arrêtez de chercher à plaire à tout prix !

Personnalisez-vous ! Prenez des distances vis-à-vis de la mode du jour. Osez vraiment aimer les choses, et non parce que les autres les aiment.

Et en Amour, osez être plus simple et plus authentique !

Scorpion en Maison V

* Ma force est ici dans l'intériorité. Mes sentiments, je les tais, et je les garde bien secrets. En revanche, si je suis dans une grande dynamique de création, je vais les exposer dans mes œuvres d'art. Il peut m'arriver de peindre des tableaux torturés, voire sanguinolents ! J'aime parfois exprimer des émotions fortes, mettre à jour des sentiments violents.
* **Sports :** je préfère les sports à haut-risque où se génère intensité et adrénaline, boxe, sports avec armes, combats à deux, Arts martiaux en général.
* **Amour :** c'est un peu « À la vie, à la mort ! », passions et compagnie. Pas de calme plat et beaucoup dans les sentiments. La souffrance ferait-elle du bien ?
* **Habits :** le cuir noir, les tatouages sombres sans oublier le maillage libertin où on voit tout à travers... c'est un de mes travers. En clair, du suggestif, en vue d'une certaine excitation sexuelle ! Toujours chercher à atteindre le ciel au plus profond de l'intensité sensuelle et sexuelle ?

Conseils

Osez être plus sensuel. Un peu de douceur peut aussi faire du bien. Explorez la finesse, la lenteur...

Ne restez plus dirigé par vos tensions, faites de la place aux ressources qui vous habitent. Dégustez-en les saveurs subtiles et accueillez la richesse de votre grande sensibilité cachée.

Sagittaire en Maison V

* Je suis en quête d'un grand idéal d'Amour, mais je place la barre très haut au niveau de son expression.
* Mon enthousiasme peut avoir tendance à se fatiguer de ces trop d'absolu. Ici, je veux quelque chose d'extraordinaire. J'ai besoin d'une icône, d'un bel étendard pour entraîner les foules vers une vraie spiritualité… ou une plus grande conscience.
* **Sports :** les grands espaces sont bienvenus. Des randonnées en montagnes vont m'élever l'esprit, ainsi que des balades à cheval.
* **Habits :** je préfère les tenues ethniques. C'est ma façon de voyager à l'aide de mes parures ! Alors pagnes africains, boubous, tissus indiens, jusqu'à certains cols Mao, vont agrémenter mon vestiaire. En général, tout ce que je vais ramener de mes nombreux voyages à l'étranger trouvera sa place pour que mon look ait un certain sens.
* **Amour :** j'aime tellement frôler l'idéal ou tenter de m'y réfugier que je risque de passer à côté de ce que la vie m'offre de bon ici et maintenant.

Conseils

Et si vous vous occupiez un peu de vous-même ?

Osez rester accessible et donnez-vous des buts, et surtout des projets réalisables,sinon vos quêtes parfaites resteront sans objet !

Ne visez pas trop haut. Il est possible d'aller à l'essentiel sans cibler le ciel ! Offrez de la sagesse au Sagittaire en vous !

Capricorne en Maison V

* Mon image doit être impeccable et mon expression, plutôt conformiste reste « bien dans les clous ».
* Ce que je crée n'est pas très original, mais a, au moins, le mérite d'être sous-tendu par un grand sens des réalités.
* Rester sérieux est aussi mon droit. Mes côtés austères sont là pour faire taire les bavards qui parlent pour ne rien dire !
* **Amour :** si je suis mal à l'aise avec mes sentiments, c'est que je ne les affiche pas en première ligne. Je préfère garder mes défenses. Trop d'émotion ne me convient pas. Mes sentiments sont profonds. Que l'autre soit rassuré, je ne change pas facilement ! Lorsque je parle, lorsque je m'exprime, c'est avec précision, concentration et clarté.
* Seul le « bien mûri » a mes préférences. Mes exposés sont de vrais modèles de réflexion profonde.Mes créations m'aident à progresser. Je les mets au service de ma forte ambition.
* **Sports :** je pratique surtout des activités tranquilles et solitaires. Marche, yoga, escalade et ne cherche pas à être un champion.
* **Habits :** un col roulé très sombre me va mieux qu'un grand décolleté ! Je préfère rester dans le classique. Femme : un strict tailleur féminin fera l'affaire. Homme : costume et cravate de préférence.

Conseils

Essayez d'apprendre à exprimer vos sentiments, les autres peuvent avoir besoin de les entendre !

Osez vous lâcher un peu, et tentez de communiquer plus directement avec votre cœur.

Montrer sa sensibilité ne veut pas dire perdre sa dignité. Aussi, ne restez pas enfermé(e) dans une certaine rigidité relationnelle.

Verseau en Maison V

* J'ai vraiment besoin de me démarquer. Mon expression se veut spécifique, originale, nouvelle voire futuriste. Mon souci principal est de me distinguer de la masse, et de jouer la différence. Surtout ne pas dire, et ne pas faire, comme tout le monde !
* **À noter :** il est vrai que deux sortes de Verseau sont à considérer, qui cohabitent parfois ! D'un côté « l'Uranien » qui se montre farfelu, original en tout, branché sur les arts du futur ou la Science-fiction, et de l'autre le « Classique » qui respecte les usages et se veut « bien comme il faut ». Il existe ainsi une forme de « recto-verseau » psychologique, relativement facile à repérer...
* **Amour :** je fourmille d'idées d'avant-garde concernant l'amour libre. Je m'oriente vers des amours différents et une liberté affichée sur tout le parcours. L'amour chez moi est secrété par la tête plutôt que par le cœur. Romantiques s'abstenir !
* **Sports :** je ne me sens pas grand sportif de naissance. Un peu d'activité avec des amis peut me tenter ou alors un sport qui permette surtout la grande discussion politique ou sociologique pendant l'entraînement. À la rigueur, je veux bien essayer des sports nouveaux, pourvu que je puisse y trouver un prétexte pour être avec l'autre, argumenter, palabrer, voire contester...
* **Habits :** très excentriques ou bien très classiques. Certains diront « d'un goût discutable ». Les vêtements ne sont pas ma priorité et l'apparence physique n'est pas d'une grande importance !

Conseils

Orientez-vous vers ce qui débouche sur du concret et cherchez à convaincre avec vos actes plutôt qu'avec vos discours.

Changer le monde est très sympathique, mais commencez déjà tous les jours avec des gestes simples et des engagements ordinaires. Passez au concret dès que possible ! Vous gagnerez du temps !

Poissons en Maison V

* Chez moi dans les vagues, l'expression reste vague ou parfois assez brumeuses et pas vraiment scientifique. Tel un océan, mon discours pacifique vient lécher les berges de vos imaginaires, ou de vos plus beaux rêves mouvants...
* J'aime suivre mes grandes inspirations, et m'orienter vers l'ouverture cosmique ? Je me sens poussé à voir large, et en écran panoramique. L'illumination est-elle au bout du chemin de mes élans vers plus de conscience universelle ?
* **Amour :** l'imaginaire occupe l'espace de mes amours. L'expression de mes sentiments est plutôt désincarnée. J'aime l'Idéal, j'aimerais rencontrer Dieu sur terre, ou tout du moins un de ses représentants ! Vous l'aurez compris, ma façon d'aimer reste très mystique et riche de beaux rêves idylliques, très loin des lois terrestres ou du vulgaire concret !
* **Côté parole :** prêcheur ou prophète, j'aime être au faîte du discours spirituel et des conférences « illuminées ». Je reste plus ouvert et donc davantage témoin du lointain que du proche. Quand j'ai fini ma communication, beaucoup ne savent plus vraiment ce que j'ai dit et ceux qui ont retenu quelque chose se demandent bien quoi en faire.
* **Habits :** si vous aimez la Reine des Elfes dans le *Seigneur des Anneaux*, vous avez les mêmes goûts que moi. Mes vêtements sont plutôt issus du passé, imaginaire ou non. Robes longues, grands cheveux, grandes manches,

parures assez amples, romantiques, un zeste de « fée », un soupçon de « Princesse » et la panoplie se dessine…

* **Sports :** j'aime les activités liées aux grands espaces, marins en particulier. Je rêve de mettre les voiles vers de nouveaux horizons ou plonger au fond du Grand Bleu pour y trouver l'extase ? Je peux aussi aimer planer et tenter la chute libre sportive. Du sport, oui, mais pas de compétition ! Les chemins de l'Extase n'ont pas de podium ni de médailles…

Conseils

Vous êtes invité(e) à revenir, de temps en temps, au concret.

Osez des expressions ou des créations plus tangibles.

Avoir les pieds sur terre n'empêche pas d'avoir la tête dans les étoiles ! Prêter attention aux détails pratiques, à l'organisation quotidienne, avoir un peu de précision et de clarté peut aussi contribuer à votre élévation spirituelle !

MAISON VI

La manière dont j'améliore mon incarnation au quotidien, ma façon de me soigner et de me transformer.

Bélier en Maison VI

* Je travaille sur moi en développant mes capacités de «pionnier».
* J'aime tenter des méthodes nouvelles, en passant vite et régulièrement de l'une à l'autre, trois séances de psychanalyse, puis trois séances de sophrologie, puis trois séances de Gestalt-thérapie, et un rapide séjour en Inde dans un Ashram, où on va me donner un «nom d'Initié».
* Je cherche surtout à améliorer mon «FAIRE», mon ACTION et moins mon «ÊTRE».
* Je désire agir plus rapidement, de façon plus incisive et avec une plus grande direction des choses.
* Mon côté un peu «brouillon», mes élans impétueux peuvent faire penser à cet esprit adolescent qui fait dire «Allez! Chouette j'essaie et on verra bien» ou cette voix intérieure qui me dit : «Mais saute mon grand ou ma grande!»
* En fait, j'ai beaucoup d'enthousiasme au démarrage et comme j'ai tendance à toucher à tout, il en résulte une dynamique qui ressemble parfois à un grand feu d'artifice.
* En résumé : Démarrer m'excite… ensuite, je m'ennuie vite!

Conseils

Apprenez à persister un peu. Osez aller jusqu'au bout de vos processus d'amélioration. Le travail sur soi demande un minimum de constance et de persévérance ! Osez transformer l'essai. Ne cherchez pas que l'inhabituel. Certaines méthodes traditionnelles peuvent vous structurer, même si elles ne vous excitent pas beaucoup.

Taureau en Maison VI

* Cherchant toujours à faire mieux, je suis à l'aise dans toute démarche de perfectionnement toutefois dans le cadre d'un horizon limité où je peux retrouver mes marques. Alors, lentement et avec une persévérance de haut niveau, je peux réussir à faire mieux avec la moindre chose.
* De fait, je n'aime pas changer mes petites habitudes, mais quand j'essaie de m'améliorer, je m'accroche et persiste. Je suis long à m'y mettre, mais quand c'est bien parti, je sais faire à fond le nécessaire pour arriver à un résultat tangible et indiscutable.
* Ma thérapie dure longtemps. Le travail sur moi est rempli d'heures supplémentaires.
* Je choisis plutôt une technique corporelle comme la Gestalt-thérapie, les massages, l'Art thérapie ou psychomotricité. Du pratique, du physique, rien de tel pour jalonner ma progression !

Conseil

Osez avoir un peu plus d'ambition en la matière. Placez la barre un peu plus haut concernant ce que vous pouvez devenir en vous transformant. Confiance ! Vos performances peuvent largement favoriser votre mieux-être !

Gémeaux en Maison VI

* J'utilise mon intellect pour m'améliorer.
* Ma curiosité légendaire me pousse à tester diverses méthodes.
* Aussi, j'ai tendance à « surfer » sur les choses, à passer d'un tremplin à l'autre...
* Mes techniques favorites pour soutenir ma transformation intérieure et extérieure utilisent le jeu, la parole, le mouvement. Un travail sur soi où on va joindre l'utile à l'agréable. Siffler en travaillant me va très bien !
* Je veux bien tenter la danse africaine (avec de la mise en transe-formation ?) et j'apprécie la Biodanza : un peu de relationnel réchauffe le cœur !

Conseils

Essayez d'être un peu moins bavard pour éviter de vous cacher derrière vos mots. Ne restez pas en surface, osez creuser un peu plus, l'air de rien et mettre de temps en temps de l'ordre dans la grande bibliothèque de vos idées vives...

Cancer en Maison VI

* Je sens que j'ai intérêt à commencer par un long travail sur mes émotions, c'est-à-dire, apprendre en premier à les exprimer, puis à les modérer.
* Je peux trouver satisfaction en améliorant ma capacité à servir l'autre ce qui m'aide à me « déculpabiliser » d'une faute oubliée ou imaginaire. J'ai un fort besoin de me libérer de ce sentiment-là, souvent bien ancré au fond de moi.

* Je peux effectuer aussi un certain travail sur moi en utilisant l'écriture. Ah ! tous ces beaux poèmes, témoins de mes marées intérieures...
* Raconter ma vie m'amène à dissoudre certaines de mes tensions d'une manière générale, les thérapies émotionnelles auront ma préférence (Rebirth, etc.).

Conseils

Ne passez pas trop de temps à disséquer vos émotions. À trop les brasser, ou les ressasser, vous risquez de les nourrir, de les maintenir en vie. Alors, osez écouter votre envie de vous en libérer ! Le mieux étant de les lâcher, de les abandonner, sans pour autant avoir à souffrir de vous sentir abandonné(e) par elles !

Lion en Maison VI

* Pour m'aider à ce travail sur moi, je choisis plutôt le psychodrame, voire le théâtre, là où je peux mettre en scène mes vieux schémas pour m'en libérer.
* Je préfère travailler en priorité au niveau de mon image et je ne me fais pas prier pour la valoriser après l'avoir revisitée, remaniée ou restaurée avec art !
* Je dois vous avouer qu'il m'arrive de tenter de me moquer de moi-même, rire de soi est un beau choix plutôt que de laisser place à une vanité qui a dépassé sa date de péremption... Cela, pour me débarrasser d'un certain orgueil qui se serait glissé dans mon paysage et m'amènerait ensuite à ne plus me voir en peinture !
* Je ne suis pas aussi sûr de moi que je ne le laisse à penser ou à voir. Est-ce à dire que je me cache derrière un beau masque ?

* Plutôt que de m'occuper de l'impact avantageux que je veux produire au regard des autres, je ferais mieux de me regarder dans le miroir de mes envies de reconnaissance intérieure de moi-même...

Conseils

Tentez une certaine humilité, avec une bonne dose de simplicité, et un zeste ou geste d'amour authentique pour vous-même...

Vierge en Maison VI

* Je suis plutôt à l'aise dans les activités de soin et de transformation personnelle. En effet, je suis prêt(e) à mettre toute mon ardeur, et à mobiliser mon grand sens du devoir afin de m'atteler à la tâche profitable d'un travail sur mon moi profond.
* C'est vrai, j'ai un côté «conservateur», et je ne lâche pas facilement certains fonctionnements qui ont pu faire leurs preuves, mais qu'il faut maintenant mettre à l'épreuve du changement.
* Mais quand j'ai décidé cette remise en question, cette démarche de transformation, je sais persévérer et m'en occuper sérieusement. Lorsque nécessité fait loi, je mets tout mon potentiel en œuvre pour réussir mon avancement intérieur.
* Je peux utiliser au sein de ce processus l'étude du Feng-shui, de la géobiologie, de l'écologie, gestion de mon environnement proche, ou toutes les médecines douces à ma disposition. Et pour couronner le tout, je peux compter sur mon bon vieux sens de l'auto-critique !

Conseils

Ne vous attachez pas trop aux détails, vous risquez de vous y perdre ! Même si certains prônent la rédemption par la souffrance, vous n'êtes pas obligé(e) de vous « flageller » à force de rester trop exigeant(e) avec vous-même. Trop chercher la perfection ou la pureté originelle vous éloigne de votre réalité d'humain parfaitement imparfait ! Votre Dieu intérieur vous invite à un peu de tolérance !

Balance en Maison VI

* Étant particulièrement centré(e) sur la relation, je suis en grande recherche d'harmonie et de paix autour de moi. Je vais m'orienter vers le développement d'un meilleur rapport à l'autre, d'une plus grande empathie.
* Le travail sur moi dans cette « Maison » consistera donc à privilégier les techniques, et tout ce qui concerne le « look » personnel, la décoration, la beauté de soi comme celle du cadre de vie.
* La méthode ESPERE (de Jacques Salomé), la CNV (Communication non violente), pourront faire partie de ma démarche d'évolution personnelle et amener une meilleure relation à l'autre, et surtout à moi-même.
* Je cherche à améliorer mon apparence et la qualité de mon décor de vie. Soigner ma présentation reste, pour moi, une manière de me soigner ! Si je me sens mal, je vais voir ma coiffeuse ou acheter une belle robe plutôt que de courir chez un psychanalyste !

Conseils

À vouloir faire trop de concessions, vous risquez de vous oublier un peu ! Aussi, osez revenir à vous de temps en temps et prenez conscience que l'harmonie n'est pas dans le paraître, mais dans l'être !

Scorpion en Maison VI

* Je suis partant(e) pour l'exploration la plus intense de mes profondeurs les plus sombres. Il me faut un psychanalyste hors pair, un vrai Capitaine de sous-marin !
* Côté transformation de mon monde intérieur et gestion des crises, je marche au défi ! Défi de transformer mes flux émotionnels, de recycler mes colères puissantes et mes élans les plus cachés, voire les plus pervers.
* Défi, aussi, d'accéder au cœur de mes mystères intérieurs et de faire cette rencontre, une initiation puissante dispensatrice d'énergie. En réalité, j'aime aller au fond de mon monde intérieur le plus sincèrement possible. La rencontre de ces forces primitives ou archaïques qui s'entrecroisent en moi se fait rarement dans la douceur ! Mais je l'assume et c'est d'ailleurs mon intérêt, car si je joue « l'évitement », ces énergies vont agir dans mon dos, et mon corps va m'offrir des leçons si inconfortables à la mesure de mon ignorance et de ma non-conscience !
* Au lieu de refuser le travail sur moi-même si nécessaire, si j'ose rencontrer ces émotions, ces couches volcaniques intérieures, les choses iront bien mieux !

Conseils

Et si vous osiez ne plus avoir besoin de tant de défis en choisissant de vous mettre naturellement en contact avec toutes ces émotions, plutôt que d'attendre d'être contraint de vous y confronter.

Laissez-vous aller, en toute souplesse, à la rencontre de la « noirceur » de vos fondements, osez finalement démolir votre image de « gentil » ou « gentille » pour contacter vos chers « démons intérieurs ».

Sagittaire en Maison VI

* Je cherche d'abord à transformer mes horizons philosophico-psychologiques pour acquérir une belle ouverture d'esprit. Le chemin vers la perfection de ma conscience n'est pas qu'une vue de l'esprit !
* Ainsi, c'est avec enthousiasme et conviction que je vais m'atteler à travailler sur tout ce qui peut m'élargir l'esprit.
* Je choisis surtout un travail mental ou intellectuel pour changer et évoluer dans ma vie. Ce changement ne me fait pas peur. Tout en moi me pousse à chercher à me comprendre et à reconnaître ce qui est humain. Ma priorité est de donner un sens à mes crises, et à saisir le pourquoi de ce qui se joue en moi.

Conseils

S'agiter dans sa tête ne rend pas toujours le Sagittaire meilleur !

Ne vous prenez pas trop pour celui ou celle « qui sait tout ».

Occupez-vous surtout de vous-même, sans trop « déborder » sur les autres.

S'aider soi-même peut être prioritaire et vouloir l'amélioration des autres, les « convertir » à tout prix, ou les guider peut se révéler stérile pour vous-même.

Capricorne en Maison VI

* Me perfectionner consiste surtout à être le plus efficace possible dans mon rôle social.
* Mon grand sens de l'obligation me pousse à concentrer mes efforts, de façon plutôt sobre, voire austère, pour l'amélioration de ma place ou de ma position sociale.
* Je cherche à maîtriser les choses au sein de mon processus d'évolution personnelle.

Conseils

Vous êtes invité(e) à apprendre à contacter et à exprimer quelque peu vos émotions à sortir de temps en temps de votre belle placidité, et à tenter un peu de plasticité.

Verseau en Maison VI

* Je suis, en général, traditionnel dans mon comportement et révolutionnaire dans mes idées. Je reste souvent conventionnel et agis comme le propose ma culture. Je me contente de suivre les façons de vivre ambiantes.
* Avec mon côté « saturnien », si je reste ouvert pour échanger d'idées et en véhiculer des nouvelles, je n'aime pas du tout changer de comportement.
* Mon évolution reste souvent mentale et j'ai tendance à oublier la phase « application pratique » !
* Avec Uranus à équilibrer avec « mon Saturne, je suis entraîné à brasser des milliers d'idées avancées qui détonnent avec les schémas conceptuels habituels. J'ai tout un programme pour que l'humanité change. Je veux améliorer le sort de tous et j'oublie le mien !
* Plutôt que me perdre dans mes méandres intérieurs ou mes contradictions, je préfère m'occuper de groupes ou

du fait sociétal. La critique de mes comportements n'est pas innée chez moi !

* Je crois parfois avoir changé parce que j'ai simplement trouvées d'autres d'idées. Descendre en profondeur dans mes abîmes intérieurs me donne généralement le vertige.
* Je reste plutôt critique vis-à-vis de ceux qui ont développé une belle image sociale, se valorisent et sont en pleine lumière, d'autant plus que je m'efforce de développer mon image personnelle et que j'ai des doutes concernant ma propre valorisation.

Conseils

Osez vous transformer vous-même avant de vouloir transformer les autres. Un petit regard critique envers vous-même vous rendra plus lucide sur votre comportement et vos choix réels. Occupez-vous d'abord de vous et pas des autres même si cela peut vous sembler contradictoire avec nos traditions !

Poissons en Maison VI

* Il est difficile de préciser les choses, car ici le type « Poissons » semble insaisissable !
* Je m'améliore par vagues successives, avec un style un peu décousu presque cyclique.
* C'est vrai qu'il n'est pas toujours facile pour moi de m'incarner vraiment. Mes aptitudes médiumniques ne me facilitent pas les choses ! On me dit souvent : « A-t-on affaire à toi ou bien à ce qui passe par toi ? »
* Je suis régulièrement envoûté par une méthode ou par quelqu'un, puis cela se dissipe assez vite. C'est comme chercher un phare dans le brouillard. Lorsqu'il est aperçu, on passe à autre chose.

* Il m'arrive d'avoir conscience que le fait de contacter ce qui se vit en moi est plus fructueux que de me perdre dans trop de recherches extérieures. J'ai donc à me méfier d'une possible dépendance ordinaire envers celles ou ceux qui me disent comment avancer et progresser, ou qui me dictent ma conduite...

Conseils

N'hésitez pas à travailler sur quelque chose de précis et de vous y tenir, histoire d'incarner vos actions dans la durée.

Rien ne vous oblige à vous perdre dans trop d'admiration pour un professeur ou un Maître. Cela vous évitera d'en changer sans arrêt !

Finalement, osez plutôt des techniques corporelles que des pratiques qui vous feraient planer un peu trop haut. Et insistez un peu.

N'arrêtez pas votre pratique corporelle tant qu'il n'y a pas de résultats tangibles.

MAISON VII

Partenaire recherché pour relations significatives.

À noter :

L'autre représente un ou des aspects de moi-même que je vais pouvoir découvrir avec la rencontre, l'autre étant un miroir de moi-même non encore actualisé.

Plus vous serez conscient de cette interface, ou de ces parties de vous-même peu développées, moins vous serez dépendant de l'autre.

Bélier en Maison VII

* J'aime rencontrer quelqu'un de dynamique, pleine d'énergie et de vivacité, avec qui partager de beaux élans, un ou une partenaire avec qui monter une entreprise, m'associer ou vivre une vraie relation amoureuse.
* Je préfère que cela bouge et change ! Avec moi, il ne faut pas que cela traîne !

Conseils

Aidez vos potentialités d'action, votre rapidité de choix, votre sens de l'initiative, à émerger de vous-même, et développez-les favorablement.

Il n'y a pas que l'autre qui est capable de foncer en première ligne. Faites le premier pas !

Taureau en Maison VII

* J'aime rencontrer des gens discrets, paisibles et peu remuants.
* Je recherche une relation ou une association stable et durable. J'ai donc intérêt à m'orienter vers quelqu'un avec qui une collaboration de production va s'établir, un partenariat engagé pour concrétiser ensemble, quelqu'un ou quelqu'une avec qui je vais pouvoir partager le même goût du bien-faire, avec constance, endurance et persévérance. Avec qui être à deux pour « faire toujours pareil » !
* Ici, il y a tendance à s'attacher à vie au premier venu, comme à une bouée de sauvetage !

Conseils

Développez votre « prise de terre » sans trop vous enterrer ! Osez une certaine discipline de vie d'action. Confrontez les réalités quotidiennes du champ de la relation. Osez persévérer un peu dans vos projets associatifs ou amoureux, mais de façon juste et équilibrée.

Gémeaux en Maison VII

* J'aime communiquer avec des personnes curieuses, bavardes et extraverties, des partenaires qui aiment les rencontres diverses et variées.
* J'apprécie de partager avec l'autre des idées et surtout d'avoir des conversations qui n'en finissent pas...
* J'ai envie de rencontrer quelqu'un(e) de curieux, qui peut avoir tendance à changer de relation à chaque saison, quelqu'un qui adore rencontrer des personnes nouvelles, car il ou elle s'ennuie vite avec l'autre.

* Je recherche un ou une partenaire qui ait l'esprit jeune, et s'amuse d'un rien, avec des côtés un peu adolescents.

Conseils

Osez un peu plus de constance et de profondeur. N'hésitez pas à parler de ce qui vous habite. Exprimez vos ressentis, vos sentiments.

Vos désirs sont les vôtres, ne laissez pas l'autre les définir et les contrôler. Plus vous communiquerez avec vos diverses composantes intérieures, plus vous pourrez améliorer la communication avec l'autre...

Jouer au papillon, c'est bien joli, mais cela crée des relations plutôt éphémères...

Cancer en Maison VII

* J'aime rencontrer des gens plutôt maternants, doux et protecteurs, des partenaires rassurants qui m'offrent sécurité affective et chaleur humaine.
* Je préfère la relation intimiste, de personne à personne donc je m'oriente vers quelqu'un de réservé, que je puisse cerner, faisant partie de mon entourage proche et que me ressemble un peu.
* Mon côté médium me pousse à me méfier des inconnus par peur d'être envahi par des énergies ou des émotions nouvelles. Je reste donc prudent dans mes rencontres. J'ai besoin d'être apprivoisé par l'autre avant de faire le premier pas...

En résumé

Concernant la relation, je me sens bien au cœur d'un tête-à-tête tranquille et confidentiel.

Conseils

Développez vos talents cachés en matière de protection de l'autre, et amplifiez vos capacités à installer une ambiance intimiste, un environnement douillet et paisible.

Consacrez un peu plus de temps à votre « petit monde », vous vous aérerez en temps voulu.

Cultivez vos affects, arrosez-les souvent, en jardinier prudent qui reste très sensible à la qualité des sentiments partagés et des connivences tissées...

Lion en Maison VII

* J'aime rencontrer un partenaire qui ait du brio, qui se fasse remarquer, quelqu'un qui, en général, en « fait trop » car avec lui, j'aime apprendre à m'exprimer et à me valoriser. J'ai bien envie que sa brillance me devienne contagieuse...
* Il m'encourage à développer mon ego, chose si nécessaire, bien que souvent vilipendée par nombre de religions, à ma structuration et à ma construction personnelle et intérieure.

Conseils

Osez vous mettre en avant pour vous montrer un peu plus.

Prenez conscience du fait que vous êtes aussi ce que vous créez.

Ainsi, osez imprimer votre image de façon plus visible dans les médias ou autres réseaux sociaux.

Montrez vos qualités. Distinguez-vous !

Et que « ça saute aux yeux » !

Et sachez que vous êtes unique, alors faites-le voir et savoir...

Vierge en Maison VII

* J'aime rencontrer des gens sérieux, organisés et qui soient toujours à l'heure à nos rendez-vous ! J'apprécie un partenaire soucieux de précision avec qui je puisse partager diverses analyses ou critiques, des points de vue argumentés concernant des techniques, ou des méthodes à mettre au point.
* Dans une vie de couple, je cherche un compagnon qui sache tenir la maison et rester bien branché « bio » et dans le respect de l'environnement, toujours prêt à en apprendre plus sur la culture raisonnée, les productions durables.

Conseils

Développez un peu plus votre sens du concret et des réalités au quotidien. Tenez réellement compte des contingences matérielles de votre vie et osez mettre en œuvre des choses claires et nettes. Prônez le « bien rangé », le « bien organisé ». Vous verrez que cela vous fera du bien ! Structurez votre vie et votre environnement proche.

Donnez priorité au cadre du temps et de l'espace. Ne vous évadez pas dans l'espace-temps !

Osez, comme disent les psys, « l'intégration de votre espace juste » !

Balance en Maison VII

* Je cherche un partenaire équilibré et soucieux d'équité en toutes choses qui soit très réfléchi, calme et pacifique, un compagnon qui cherche à tout mettre en œuvre pour que les choses se passent bien, en toute tranquillité.

* En fait, une personne polie et, de surcroît, prévenante, soucieuse de l'autre, qui soit très sensible à la beauté et s'intéresse à l'Art.

Conseils

Découvrez vos côtés artistes et votre goût raffiné.

Orientez-vous vers ce qui est harmonieux et le côté délicat des choses et des êtres.

Ne cherchez pas trop à plaire, cela peut être une source d'aliénation pour vous.

Osez chercher la « relation juste », la communication d'égal à égal, loin des soumissions ou aliénations, malheureusement encore si courantes, en particulier chez certaines femmes !

Scorpion en Maison VII

* Je cherche un(e) partenaire intense et passionné(e) doté(e) au regard fascinant, et dont le contact est fort électrique et avec qui je vais pouvoir fusionner émotionnellement et vivre des sensations fortes.
* J'aimerais une personne charmeuse et envoûtante qui pourrait me révéler mon monde secret, spécialiste de l'occulte et soucieuse des profondeurs de l'âme et du corps.
* Un(e) partenaire qui ose prendre des risques et reste prompt(e) à lancer des défis.

Conseils

Osez être charmé, laissez-vous séduire par ce magnétisme magique et attirant. N'ayez pas peur de votre « côté animal » !

Osez pactiser avec vos tempêtes intérieures qui sont source d'énergie.

Apprenez à danser avec les loups et piquez-vous au jeu des défis relationnels et frissonnants !

Sagittaire en Maison VII

* Je recherche des gens enthousiastes, des aventuriers ouverts sur de grands espaces de l'esprit, des personnes qui peuvent parler philosophie, astrologie, numérologie, tarot, etc.
* Un(e) partenaire qui soit prêt(e) à partager sur des sujets « sans frontières », et à m'aider à oser d'autres points de vue, en dépassant mes petites barrières mentales un peu trop limitatives.
* J'aimerais un champion des idéaux humanistes et universels, capable de s'élever au-dessus des contingences trop concrètes, quelqu'un qui pourrait avoir une vision plus élevée des choses et des êtres pour me permettre de prendre de la hauteur en jonglant avec de belles abstractions philosophiques et académiques.
* On a le choix ici entre cartésianisme, aristotélisme, conceptualisme, dualisme, éléatisme, essentialisme, évolutionnisme, gnosticisme, idéalisme, immanentisme, immatérialisme, intellectualisme, kantisme, monisme, néo-platonisme, nihilisme, pancalisme, personnalisme, phénoménisme, probabilisme, pyrrhonisme, solipsisme, transcendantalisme, etc.

Conseils

Acceptez de vous laisser un peu bousculer par des concepts nouveaux, globalisants, socialisants et structurants, sans refaire le monde, mais en l'organisant (lois, éthique, religions).

Apprenez à donner un sens aux évènements et osez tisser des liens significatifs régissant le collectif, tout en prenant du recul.

Le tout en évitant toute conclusion hâtive, ou toute réaction primaire, voire trop émotionnelle, face aux circonstances ou aux vicissitudes de la vie humaine.

Capricorne en Maison VII

* Je cherche quelqu'un de sérieux, classique, et surtout ambitieux, d'une dignité à toute épreuve et ayant une grande notion du devoir, prêt à une réelle implication dans la société, ses rouages, son administration et ses «couloirs du pouvoir».
* Une personne mûre, adulte et responsable, douée d'une force intérieure non discutable, et d'une solidité personnelle «bien ancrée».
* En résumé, quelqu'un sur qui je puisse compter, et m'appuyer en toute confiance, qui m'amène à découvrir ce qu'est la vraie intégrité, et en quoi consiste l'éthique la plus haute, la fidélité la plus respectable !

Conseils

Occupez-vous un peu plus de votre « structuration personnelle », et de vos références morales ou cohérences éthiques.

Osez clarifier vos bases psychiques en unifiant vos contradictions intérieures pour vous permettre ensuite d'aller à la rencontre des autres de manière plus saine et plus juste.

Développez votre confiance fondamentale en vous-même, et réjouissez-vous enfin de votre belle construction intérieure épanouissante, source de bonheur de vivre.

Verseau en Maison VII

* Je cherche quelqu'un ayant l'esprit libre, plein d'originalité en avance sur son temps, à la pointe du progrès, et toujours prête à tout réformer.
* Je souhaite une relation qui privilégie l'amitié sous toutes ses formes et qui pourrait me faire partager cette grande envie de refaire le monde, quelqu'un dont le besoin

de se démarquer se nourrit de la critique de la société imparfaite, et du pouvoir en place qui a toujours tort.

* Un personnage plutôt enclin à « défaire ensemble » qu'à faire ensemble qui puisse m'aider à développer certaines parties contestataires de moi-même, et m'apprendre le « positionnement du NON », c'est-à-dire découvrir un peu plus qui je suis, et mettre en lumière des facettes de moi-même peu utilisées, ou peu exploitées...

Conseils

Osez vous ouvrir plus largement aux autres. Engagez-vous socialement à votre mesure. Participez au monde qui change en vous changeant d'abord vous-même. N'ayez pas trop peur des idées nouvelles ou originales, mais commencez avant tout par votre « Révolution intérieure », si vous voulez participer au changement « extérieur » ou collectif !

Poissons en Maison VII

* Je cherche quelqu'un de conciliant, gentil et doux, soucieux de comprendre plutôt que de s'imposer, une personne compassionnelle, toujours prête à écouter l'autre et qui pourra me faire profiter de ses grandes inspirations, et de ses belles énergies océaniques et subtiles, voire spirituellement élevées.

Conseils

Laissez-vous encourager, ou éveiller, par la rencontre avec ce « passeur d'âme » qui pourra révéler en vous cette belle dimension mystique qui sommeillait dans vos oubliettes intimes et vous ouvrir au « Monde du mystère » (ou aux mystères de l'univers).

Osez la grande ouverture spirituelle et méfiez-vous de certains paradis artificiels et autres drogues illusoires et piégeantes !

MAISON VIII

Mes qualités à mettre en œuvre pour rencontrer mon pouvoir et le partager que ce soit des associations ou partenariats, groupes, même les relations sexuelles.

Bélier en Maison VIII

* Je peux utiliser ma dynamique personnelle, mon énergie, et mon esprit d'entreprise, et les mettre à disposition de l'autre, ou d'un groupe. Comme j'ai tendance à prendre vite le leadership ; tout groupe qui cherche un bon meneur peut s'adresser à moi !
* Je reste un bon spécialiste pour « allumer le feu » ou « booster les choses », plus à l'aise dans le sprint que dans la longue distance. En clair, une énergie forte, mais courte. Prompt à donner l'élan.
* Étant plus rapide que les autres, j'ai plutôt tendance à les oublier en route !
* En tenant mieux compte des autres, je pourrais mieux collaborer avec eux, et les choses seront alors plus fructueuses, à moins que j'aie envie de jouer au « pauvre cowboy solitaire » !
* **Sexualité :** je m'enflamme tout de suite ! Pas besoin de s'y reprendre à trois fois et le défi, c'est de trouver un ou une partenaire à qui cela convienne, et qui soit capable de suivre ! L'autre peut ou ne pas apprécier mon côté initiateur !

Conseils

Rapprochez-vous de l'éloge de la lenteur... Prenez de la hauteur, au sens large du terme, en modulant votre vitesse.

Il peut être judicieux de s'adapter un peu à l'autre. Cherchez à mieux vous mettre au diapason, même si cela vous demande un certain effort.

Osez rechercher cet équilibre entre, d'une part, être très personnel, et, d'autre part, partager avec les autres. Ou tout du moins, accepter d'avancer ensemble...

Taureau en Maison VIII

* Je peux mettre ma méthodologie au service des groupes. Mes qualités à disposition pour être utile à l'autre, ou aux autres, sont ma capacité à réparer, et mes dons d'harmonisation sans oublier ma ténacité ou ma persévérance à produire et à concrétiser.
* Je demande simplement de ne pas être bousculé(e) dans les groupes, et souhaite qu'on me laisse avancer à mon rythme, sinon je ne peux pas vraiment déployer mes capacités. Mon plaisir étant dans la lenteur et la sensualité qui lui est associée, je trouve mon pouvoir dans cette douceur, dans cette présence tranquille qui me caractérise avec bonheur.
* J'ai donc le souci de choisir un collaborateur, ou une collaboratrice, qui fonctionne plutôt comme moi. Des associés qui soient aussi « fignoleurs » (ou « fignoleuses) que moi, et aussi exigeants sur la qualité et les finitions.
* **Sexualité :** pour moi, le plaisir est dans la durée. Je peux être un amant parfait pour femme débutante, car je sais rester patient, attentif et doux dans l'attente.

* Très sensuel(le), j'ai besoin d'une (ou d'un) partenaire qui me ressemble de ce côté-là, et qui reste dans la finesse, la lenteur et l'harmonisation des corps et des cœurs.

Conseils

Respectez votre vrai rythme, ni trop rapide, ni trop lent.

C'est un facteur important pour trouver votre plein pouvoir.

Osez rester à l'écoute de vos besoins corporels et de votre grande envie de produire, de concrétiser. Et surtout votre plaisir de bien faire ! Accueillez la gourmandise de partager vos vécus et vos réalisations petites ou grandes.

Gémeaux en Maison VIII

* Je suis prêt à collaborer, à m'adapter, et proposer mes dons « d'agent de liaison » à tout groupe ou personne qui le demande. Mon appétit de communication, doublé d'une excellente mémoire, me pousse à servir de relais et à jouer les porteurs de parole.
* Je reste un très bon « chercheur d'infos », celle ou celui qui sait dénicher le « scoop » !
* Je mets à la disposition de mes associés mes capacités de fouineur, de jongleur intellectuel.
* Mon agilité mentale peut donner lieu à de belles idées nouvelles
* **Sexualité** : j'aime jouer, rester léger, et raconter le dernier film dramatique de la veille... Aurais-je plus envie de parler et de discourir que de passer à l'action ? Si le sexe ne semble pas trop important pour moi, cela ne m'empêche pas d'égayer la soirée qui restera probablement mémorable...
* Curieux de nature, j'aime surtout découvrir l'autre dans les deux sens du terme, le dévoiler, le mettre en lumière, pour satisfaire ma soif de connaître ses particularités.Grand

découvreur de l'autre et de son beau con-tinent inexploré (qui ne cherche qu'à s'ex-primer ?) je reste toujours prêt pour le voyage !

* Il paraît que je suis le spécialiste de toutes les variétés d'amitiés amoureuses et beaucoup moins des vrais engagements, en particulier ceux prévus pour durer. Comme dit mon cinéaste préféré : « *L'éternité, c'est dur, surtout à la fin !* »
* C'est vrai, j'aime faire mon petit cinéma et je reste toujours partant pour toutes les discussions possibles autour de l'amour. Le passage à l'acte me semble un jeu plutôt secondaire...

Conseils

Osez approfondir quelque peu votre ou vos relations.

Essayez de ne pas en faire trop, de ne pas rester à la surface, et tentez de partager plus intimement, plus profondément.

Tout n'est pas que jeu et un peu de sérieux ne gâche rien !

Un zeste de responsabilité vous rendra plus habile à vivre harmonieusement toute relation...

Cancer en Maison VIII

* Je peux mettre ma sensibilité, mon imagination, et ma compréhension des autres au service d'un groupe ou d'un partenaire ou associé, mais restant très réservé et introverti, j'ai vraiment besoin de me laisser apprivoiser...
* J'ai un grand besoin d'être rassuré et de ce fait, je préfère rester dans un milieu connu, avec des gens rassurants.
* En résumé, j'aime rester dans un groupe qui me materne un peu, et où tout le monde reste très gentil avec moi. Alors, en douceur, je peux descendre dans une réflexion intérieure fructueuse et profonde ou en faire profiter d'autres.

* **À noter :** au sein du groupe, ou du couple, je dois avoir un rôle non négligeable, sinon je me sens mal... En clair, j'ai besoin d'être rassuré sur mon « utilité ». Je veux servir à quelque chose ! C'est cela qui me donne du pouvoir. Valorisé dans un rôle juste et beau, je donne alors ma pleine mesure...
* **Sexualité :** Si vous êtes prêt(e) à attendre qu'on vous désire vraiment, qu'on vienne vers vous en montrant patte blanche, attention de ne pas trop en demander !
* Rester passif ou passive dans une belle réceptivité peut attirer gentillesse et tendresse. Mais faites de temps en temps un petit pas en avant, osez un petit « Oui » discret sinon l'autre pourra un jour être accusé de harcèlement puisque vous n'avez pas vraiment formulé votre autorisation.
* Si vous faites la cour à l'ancienne, n'oubliez pas que les temps ont changé, et qu'un certain romantisme gentillet reste périmé, et qu'il peut être nécessaire de sortir des habitudes d'antan.
* **Une chose à retenir :** personne n'a intérêt à me laisser tomber, sinon il risque d'avoir ma dépression sur la conscience ! Pas facile à l'autre dans ces conditions d'oser sa propre liberté... Comme je me sens fragile dans la relation amoureuse, j'ai tendance à beaucoup me méfier avant ! Comme dans le *Petit Prince,* il faut tout d'abord m'apprivoiser, car mon corps ne s'ouvrira que lorsque mon cœur le sera. J'ai un corps protégé qui n'aime pas être à découvert !

Conseils

Trouvez vraiment et osez des rôles de plus en plus importants. Vous deviendrez un beau et grand décideur au bout du compte.

Lorsque vous aurez découvert votre pouvoir sur les autres, ils cesseront de vous inquiéter.

Ayant, avec le temps et les épreuves, fortifiez votre ego, vous serez moins sur la défensive.

Lion en Maison VIII

* Je peux mettre facilement mes qualités solaires au service du groupe ou du couple. En effet, dans un groupe, on peut ne voir que moi !
* Je me fais remarquer par ma chaleur humaine, mon énergie créatrice et mon dynamisme éclairant. Fort de mes belles motivations, et riche de ma grande foi, je peux réaliser de superbes créations tout en transmettant mon enthousiasme au groupe.
* Je donne généralement l'impression d'être inébranlable, et j'aide le groupe à valoriser son image, à briller dans les médias ou les réseaux sociaux.
* Ma communication reste riche de ses certitudes et je reste toujours certain de convaincre. Embauchez-moi comme associé-vendeur, ou grand responsable des promotions, et j'imposerai mon rayonnement et votre réussite ?
* **Sexualité :** «Je suis le plus bel amant de la terre, je vais tout t'apprendre ! ».

  Sûr de moi, je reste un « dragueur de première ». Pour « embobiner », je suis le meilleur. Ma force de conviction est réelle, soyez-en convaincus !

  J'embarque l'autre avant qu'il n'ait eu le temps de voir quoi que ce soit ! J'use généreusement de mon pouvoir et de mon enthousiasme pour mener l'autre en bateau !
* S'il m'arrive d'être quitté, je dis et redis : « Tu ne trouveras jamais quelqu'un de mieux que moi ! ».

Conseils

La vie n'est pas toujours une scène de théâtre. Il est possible de faire autre chose que de se regarder dans le miroir de ses jeux d'acteur.

Ouvrez-vous un peu plus aux autres. Ils ont aussi chacun leur propre brillance ! Ne les méprisez pas, vous vous méprendriez sur leur vraie valeur humaine ou leur puissance profonde.

Un peu plus de respect de l'autre vous permettra une vraie estime intérieure !

Vierge en Maison VIII

- Mes meilleurs talents ici consistent à aborder les choses de façon analytique, voire critique. Pour moi, « faire ensemble » consiste surtout à améliorer et perfectionner, plutôt que de créer du purement nouveau.
- Dans les groupes, je suis le spécialiste de la réparation, de l'amélioration des conditions de vie et de l'organisation au quotidien.
- J'avoue que je suis plus enclin(e) à parfaire les choses qui m'entourent, et à plutôt à soigner les autres, qu'à me soigner moi-même !
- Régénérer, rendre agréable l'extérieur ! Pour l'intérieur, on verra ensuite...
- Je suis tellement imparfait(e) ! Je dois mériter ma chance, sans vanité aucune !
- J'avoue que pour moi il faut que tout soit toujours mieux ! Certains, ou certaines me disent que je suis un peu « casse-pieds » avec mes exigences ! N'empêche, mon plaisir à moi est de peaufiner un maximum.
- Serai-je un bon modèle de fourmi, celle qui prévoit, stocke, nettoie, range, celle dont la tête fourmille de solutions applicables pour des résultats toujours meilleurs. À tous

les compliments, je réponds : « Oui, mais, on peut encore faire plus, on peut encore faire mieux ! ». Et dans les moindres détails…

* **Sexualité :** pourquoi pas un peu de sensualité, mais agrémentée d'un fonctionnement mental. Pour moi, le sexe est à vivre surtout pour améliorer sa vie, sans plus ! C'est une démarche principalement hygiènique.
* Mes recherches de pureté s'appliquent aussi à ma santé ! Libérer les énergies, c'est sain et naturel. Du moment que j'ai le sentiment d'être utile, mes sentiments ne m'envahissent pas et mon romantisme reste très discret.)

Conseils

Vous êtes invité(e) à vous occuper d'abord de vous.

Avant tout bon partenariat, osez affiner votre relation à vous-même sinon, il y aura déséquilibre concernant autrui.

À trop s'occuper d'eux, vous risquez de devenir pesant et de vous oublier vous-même.

S'il n'y a pas d'amélioration de soi, on n'améliore rien du tout ! Ou alors on fait semblant…

Balance en Maison VIII

* Je peux amener au groupe ou au partenaire mon sens de l'harmonie, mon intérêt pour le beau et mon côté « cool » et paisible. Je suis très « Peace and Love ». Dans les relations je reste toujours très charmant et ma compagnie se veut agréable.
* Je recherche la chaleur humaine et je ne supporte pas les ambiances agressives ou coléreuses. Je peux fonctionner dans les groupes comme un « agent équilibrant » qui apaise, gère les conflits et prône l'équité, un bon médiateur

qui se met en quatre pour que le lien social ou la relation interpersonnelle se fasse ou se passe au mieux.

* Aussi, je suis un exemple de « gentil », le « conciliant » par excellence, respectueux de l'autre par nature.
* D'une manière générale, je mets tout en œuvre pour que la relation soit réussie, et que tous les échanges et toutes les communications se passent bien.
* **Sexualité :** j'ai un grand besoin de sentiments, j'aime rester à l'écoute de l'autre, de ses ressentis et des miens ! Si l'ambiance est glauque, ou pas vraiment « clean », je prends la porte tout de suite !
* J'aime ce qui est beau, ce qui est « classe ». Cela m'amène parfois à en rajouter un peu côté image de mon (ou notre) couple.
* J'ai une tendance à embellir les choses, et à faire croire « que tout va bien » car je reste très soucieux(se) des apparences, surtout en bonne société. Et donner une image d'harmonie, une image idéale de la relation est important pour moi.

Conseils

À trop chercher à équilibrer les choses à l'extérieur du couple ou de vous-même, vous risquez le « déséquilibre intérieur » !

À trop concilier, vous risquez de perdre beaucoup. Aussi, osez sortir du convenu, osez changer vraiment.

Osez une autre ou d'autres relations. C'est-à-dire, partez ou faites d'autres choix, au lieu de vous échiner à recoller les morceaux pour faire bien !

Sauver les apparences ne dure qu'un temps !

Scorpion en Maison VIII

* Je peux mettre facilement mon énergie et mon intensité dans la vie du groupe. Je demeure un bon spécialiste pour aider à « creuser les choses », à approfondir les situations.
* C'est vrai, je reste très pertinent et aussi critique en matière de fonctionnement humain et de relations interpersonnelles. Je vois vite les défauts chez les autres et peux avoir tendance à les mettre en exergue, au risque de perturber avec mes remarques perçues comme déplacées !
* En résumé, j'ai le grand don de remarquer aisément et rapidement les faiblesses et les incohérences des autres. Je déniche en direct leurs mobiles cachés et leurs intentions plus ou moins claires.
* D'une manière générale, j'aime les partages intenses et émotionnels et me mettre en situation d'urgence... Cela me met en joie quelque part ! Je ne supporte pas l'ennui et préfère nettement épicer les choses de ma vie et de mes relations.
* Au sein des groupes d'affaires, j'ai la faculté de jauger l'adversaire sur place, de le cerner, pour ensuite le déstabiliser ou prendre le pouvoir sur lui...
* **Sexualité :** le meilleur pour moi ici est de fusionner intensément avec l'autre. J'ai besoin de rencontrer l'autre dans sa profondeur et sans faux-semblants. Je cherche l'Adrénaline, et je suis prêt à prendre de nombreux risques.
* Aurais-je une tendance à mettre en place une ambiance sado-masochiste lorsque la situation manque d'intensité ou de piquant ? Il m'arrive de tenter le libertinage ou l'échangisme pour faire monter la température, réveiller mon volcan intérieur émotionnel, et créer cette dynamique d'excitation et de tension que je trouve si jouissive...

Conseils

Prenez conscience de votre capacité à « subjuguer » ou « manipuler » l'autre, faites-en un juste et bon usage.

En effet, découvrez votre pouvoir, mais apprenez surtout à le mettre au service de quelque chose de juste et de bienvenu et non en l'utilisant à des fins trop personnelles ! (ou « faire du fric à tout prix).

Ce n'est pas le pouvoir sur les autres qui vous permettra d'estomper vos complexes. C'est en permettant des échanges équilibrés et respectueux que vous trouverez la satisfaction intérieure réelle, et nourrirez la faculté de vous réaliser vraiment, ce qui vous permettra ensuite d'être efficace et puissant, sans avoir besoin de prendre de si gros risques, ou d'exploiter les autres...

Sagittaire en Maison VIII

* J'ai envie de mettre mon enthousiasme et mon ouverture au service des groupes ou de la relation plus intime. J'offre mes « idées larges » et mon optimisme pour dynamiser et faire avancer les choses car j'ai tendance à voir loin et à m'orienter vers des buts élevés.
* La recherche de vérité est quelque chose d'important pour moi. Il me reste simplement à ne pas trop chercher à imposer aux autres car si mon point de vue reflète ma vérité, ce n'est pas tout à fait « La Vérité », le subjectif n'étant pas aussi souvent objectif qu'on voudrait le croire...
* Au sein des groupes ou du couple, je m'attèle à mettre de l'ordre, à poser des règles... Justice et Ordre sont mes grandes priorités. Je fonctionne parfois de façon un peu paternaliste.

* **À noter :** paradoxalement, si d'un côté, j'ai les idées larges de l'autre, cela s'arrête à mon point de vue personnel et non discutable ! Comme je veux sérieusement gérer les relations, même celles qui ne m'appartiennent pas, je peux faire merveille comme DRH dans un groupe professionnel.
* **Sexualité :** j'ai besoin d'exotisme dans ma façon de faire l'amour. Il peut donc m'arriver de m'orienter plutôt vers des partenaires étrangers.
* Passionné(e) et enthousiaste, je mets ma flamme à la disposition de l'autre qui pourra ainsi me remercier de mes belles initiatives !
* Je reste donc peu traditionnel en la matière et j'ose tenter des situations qui ouvrent d'autres horizons, quitte à déserter le lit habituel, et investir d'autres espaces.

Conseils

Apprenez à partager ou à faire avec l'autre, sans chercher à imposer régulièrement votre loi. Développez plutôt la camaraderie que le paternalisme.

Capricorne en Maison VIII

* J'ai la capacité à remettre de l'ordre dans le ou les groupes, et j'y suis très efficace. J'ai la casquette du bon technicien qui se sert de ses compétences pour la bonne organisation ou l'optimisation de la gestion collective. Tout en restant le chef, bien sûr !
* Soit je dirige, et je fais tout pour être efficace et avoir de très bons résultats, soit je m'en vais ! Si les situations sont trop floues, trop vaseuses, je rectifie le tir si on m'en laisse les moyens, sinon je me tire ailleurs !

- Aux groupes, j'offre ma rectitude, mon exactitude et ma logique. Très soucieux du côté « pratique » des choses, j'invite à la politesse et au respect.
- Si mon environnement est trop bruyant, désordonné, et trop fêtard, je me mure derrière ma dignité et mon silence.
- **Couple et sexualité :** tout partenaire qui ne serait pas sérieux et crédible peut passer son chemin ! Je souhaite et veux) une relation très claire. Ici on ne s'amuse pas à « baisouiller ». Les aventures d'un soir me sont suspectes et les partouzes à prescrire !
- On peut croire que je suis indifférent(e) pendant l'acte d'amour, mais ce n'est pas parce que je ne montre pas ou n'exprime pas mes ressentis ou mes émotions que je suis « frigide » ou « ailleurs » ! Et tant pis si cela est perturbant pour un ou une partenaire qui aimerait que je sois un peu plus théâtral(e) ou « expansive » !
- **En résumé :** fort dedans, sobre dehors ! S'il pouvait y avoir la moindre « manifestation » de ma part, alors cela témoignerait que c'est plus que du sérieux ! Pour moi, le couple demande de l'engagement réel.
- En revanche, quand rien ne va plus, je ne tergiverse pas et je le dis directement et sans tarder... Je préfère faire comprendre à l'autre mes intentions que de les crier sur les toits !

Conseils

Apprenez à vous exprimer un peu plus, en particulier au niveau de vos émotions et de vos sentiments.

Osez aider l'autre à vous découvrir. Cela lui évitera de croire que vous êtes indifférent, négligent, voire méprisant.

Aussi, apprenez quelque peu à valoriser l'autre et à l'encourager.

Verseau en Maison VIII

* Ici deux tendances assez différentes peuvent être jouées. Parfois les deux cohabitent !
  Le comportement « Verseau classique » qui s'identifie à la culture ambiante et se moule sur des choix traditionnels ou conventionnel comme « Mr ou Mme tout le monde » !
  Le comportement « Verseau réformateur » qui veut renverser le monde, jouer les pionniers ou les rebelles et le fait savoir...
  À noter : c'est ce « Verseau révolutionnaire » qui va parler ici.
* Dans les groupes, j'aime interpeller, susciter le changement des coutumes habituelles et remettre en question les usages.
* J'apprécie de montrer que j'ai une longueur d'avance sur les autres, et qu'ils devraient s'ouvrir à tous ces nouveaux modèles d'organisation sociale, ou à tous les chambardements que je propose.
* J'attends et espère le grand soir en oubliant souvent de concrétiser ou expérimenter cela dès aujourd'hui, ici et maintenant ! Les grandes idées, ça me connaît, mais les appliquer, faire du concret, et se frotter aux contingences bassement matérielles (ou comptables) n'est pas franchement ma tasse de thé...
* **Couple et sexualité :** je veux vivre en couple moderne, amour libre, nouvelles façons de cohabiter ou de ne pas le faire. Je prône le couple qui montre sa différence, frondeur et légèrement transgressif.
* Je dois simplement m'assumer vraiment au quotidien dans cette révolution sexuelle, ou cette nouvelle union libre souhaitée et affichée... mais « à suivre » !

* J'ai envie de réinventer la façon de vivre la relation sexuelle et amoureuse loin des grands sentiments qui ne m'intéressent pas !
* En tous cas, ce qui est nouveau et original aura ma préférence en matière de relation intime. J'irai même jusqu'à passer la nuit dans le même lit côte à côte à discuter avec un « ami », sans nullement faire l'amour car ce serait trop banal !
* Mes idées ont plus de valeur que mes actes. Penser est tellement plus jouissif que passer à l'action !

Conseils

Avant de vouloir faire du neuf à tout prix, osez commencer par incarner vos beaux programmes, et les mettre à l'épreuve du temps et des vents !

Osez rester plus proche de votre centre intime, et plus présent à l'autre au cœur d'une réelle intimité et sensibilité relationnelle.

L'évolution collective ne se fera qu'après une satisfaisante évolution intérieure, et la révolution sociale n'est viable et juste que si elle est issue d'une profonde et sacrée « Révolution intérieure » de chacun, et ensuite du plus grand nombre. Réfléchissez-y !

Poissons en Maison VIII

* Un cas de figure ici assez difficile à cerner. Un côté insaisissable pour l'astrologue et parfois pour l'individu concerné. De plus, tout dépend du reste du thème de la personne et de son degré de conscience ou niveau d'avancement spirituel !
* Ici, on s'oriente vers un fonctionnement très varié et très variable… Et tant pis pour les adeptes ou drogués de

vérités absolues ! Comme dirait Edgard Morin : « *Apprenez à vous dédroguer de votre besoin de certitudes !* »

* Je mets au service du groupe ou du partenaire ma sensibilité, voire ma médiumnité ou mes côtés prophétiques… J'offre mes qualités d'imagination et mes élans pleins de compassion et reste généralement ouvert et à l'écoute des autres. Ma douceur et ma réceptivité les aident à s'épancher.
* Mon intuition peut rendre de beaux services. Restant ouvert à l'inconscient collectif, je capte bien des choses et une certaine vision du futur peut m'habiter à l'occasion.
* **En résumé :** je peux très vite me mettre dans le bain, m'imprégner de l'ambiance, même si j'ai souvent tendance à faire l'éponge. M'arrive-t-il de fuir la réalité et de m'évader dans des mondes fantastiques ? Certains diraient que je suis irresponsable. Je répondrais que je suis en voyage et ne peux pas être partout !
* **Sexualité :** je reste, d'une certaine manière, très gentil et soucieux de faire plaisir à l'autre. Mais à force d'emboîter le pas des autres dans la vie, je leur reste souvent soumis(e) et donne l'impression d'une certaine passivité. Mon côté mystique me pousse à rechercher un côté « planant » dans la relation amoureuse et sexuelle. À la recherche du 7e ciel ?
* **En résumé :** Je me calque souvent sur les désirs de l'autre et suis le courant là où il me mène.

Conseils

Vous êtes invité(e) à faire un bon nettoyage des stocks émotionnels et des héritages affectifs qui peuplent vos profondeurs. Cela vous aidera à y voir plus clair en vous et améliorera votre relation à votre environnement.

Évitez de trop vous fondre dans le groupe, vous y perdriez un peu votre identité. Travaillez suffisamment votre ego, votre force et votre structure pour exister vraiment.

Ne vous prenez pas pour un martyr. Vous n'avez pas à porter sur vos épaules votre croix et toutes les misères du monde !

MAISON IX

De quelle manière je vis le monde de l'aventure et de l'inconnu. C'est-à-dire tout ce que je ne connais pas encore : l'étranger, les voyages, et aussi l'étude de la philosophie, de l'astrologie, de la numérologie voire de l'anthropologie. Sont concernées ici toutes les « explorations sociales » ayant pour but de comprendre le pourquoi du fonctionnement humain et donner un sens à la vie. Sans cependant oublier les activités de « Missionnaire », religieux, politique, humaniste…

Bélier en Maison IX

- Comme d'habitude, dans ce domaine des voyages du corps et de l'esprit, je fonce d'abord et j'organise ensuite !
- Ce qui m'intéresse surtout, c'est partir en voyage. Mais dès que je suis parti, plutôt que de savourer ce qui est là dans l'instant présent, je suis déjà en train de penser au prochain train, ou au prochain avion à choisir pour un autre voyage possible.
- Tout projet m'intéresse et me dynamise. Une fois la flèche partie, qu'elle touche la cible ou non m'importe peu… Du moment que l'inconnu m'attire, et que je démarre comme une flèche, je suis satisfait, mais ensuite, je peux me fatiguer assez vite !
- Si je lis un livre d'astrologie, je m'intéresse surtout aux premières pages. Il n'est pas sûr que je lise tout jusqu'au bout ! Entre-temps j'aurai démarré une formation de

numérologie, ou bien je serai parti(e) vivre chez les pygmées !

* En résumé :Moi devant, contre vents et marées, et parfois le plus loin possible, tant qu'il s'agit de s'agiter et de ne pas rester en place, je trouve ma place !

Conseils

Voyagez un peu au fond de vous-mêmes et tenez-vous-y ! Cela peut vous amener à vivre l'aventure de la découverte de vos profondeurs.

Osez transformer l'essai et garder de l'intérêt pour la suite. N'oubliez pas de brancher vos « radars intérieurs », ils peuvent être très efficaces, surtout quand on se déplace à grande vitesse !

Taureau en Maison IX

* J'aime l'aventure à condition qu'il n'y ait ni surprise, ni vitesse, ni Adrénaline...
* Je ne refuse pas les grands concepts qui fusent dans ma tête, mais je préfère m'occuper de mes mains et de ce que je peux réaliser le plus concrètement possible. Inventeriez-vous un nouveau concept : « L'abstrait-concret » : Le matériellement virtuel, plutôt que le virtuellement matériel ?
* Des grands idéaux, fuites en avant, ou promesses de voyages lointains, j'aimerais surtout tirer quelque chose dans mon quotidien le plus tangible et le plus utilitaire.
* Plutôt que de chercher à découvrir et à étudier les peuplades du bout du monde, je préfère me renseigner sur l'usage des coccinelles pour l'élimination de certains insectes qui détruisent les cultures.
* Le culturel chez-moi reste surtout centré sur la culture de mon jardin, ou de mes pommiers. Je ressemble plus au

Taureau dans son pré-carré, qu'à une grande grue cendrée prête à toutes les migrations en fonction des saisons.

Conseils

Osez traverser certaines frontières matérielles et spirituelles. Ne vous crispez pas sur vos acquis et vos programmes mentaux connus !

Gémeaux en Maison IX

* Ma curiosité me prédispose à rester partant(e) pour toute découverte géographique, humaine voire philosophique, le principal étant de ne pas s'ennuyer, et de jouer avec les mots, les rencontres, les surprises de l'esprit et du corps.
* C'est avec gaité et cet air juvénile qui m'est propre que je vais vivre mes aventures humaines. Plutôt découvrir la Samba au Brésil que de découvrir la méditation immobile et silencieuse au fond d'un monastère. Je préfère donc les voyages en musique.
* J'aime entendre dire : « *Faites la fête à l'étranger* », plutôt que : « *Vous serez au faîte de la plus profonde sagesse* ». En fait, j'aime naviguer entre mes belles idées, et accoster sur de nouvelles plages intellectuelles et colorées. L'air de rien, j'aime survoler les choses même si je n'en fais pas grand-chose, faute de les approfondir.

Conseils

On peut s'amuser même dans les musées les plus sérieux.

Osez vous poser un peu, au lieu de virevolter dans vos « virtualités ».Vos velléités de discipline et de ténacité peuvent se transformer en réalisations humaines riches et dynamisantes.

Osez aussi vous mettre en relation avec l'inconnu en vous-même, pour améliorer la qualité de vos relations humaines. Partir à l'aventure du meilleur en vous-même peut s'avérer passionnant et régénérant !

Cancer en Maison IX

* Si la vie me propose de voyager, c'est avec grande prudence et circonspection que je vais envisager la chose... Changer d'air, d'accord ! Mais en toute sécurité. Sinon le crabe se replie dans son trou ! (*et reste a-mer ?*)
* Je peux être « partant » si je sais qu'une famille va m'accueillir en chemin, ou si je vais rester avec un petit groupe de gens connus ou intimes car j'ai besoin de me sentir un peu protégé !
* J'accepterais éventuellement une croisière avec mon petit monde, mais pas sur un paquebot bondé ! Me lancer seul à l'aventure peut pourtant m'arriver si c'est pour aller retrouver l'amour de ma vie.
* Voyager dans les idées, et surtout dans le temps, me va assez bien, une belle excursion dans le passé, à la recherche de mes ancêtres pour retrouver mes racines et pour consolider mon ancrage personnel et familial.
* J'aime m'aventurer dans les recherches historiques, et la psycho-généalogie peut m'intéresser. Donner un sens à mon passé familial éclaire mon présent. Aurais-je aussi envie de pratiquer l'astrologie karmique ?

Conseils

Osez sortir de votre petit monde étriqué. Ne restez pas confiné chez vous. Osez certains risques. Aventurez-vous là où on ne vous connaît pas vraiment, et transformez le « cancer carcéral » en « cancer découvreur-explorateur ».

Lion en Maison IX

* C'est avec grandeur et éclat que je vais conter mes beaux voyages. Il paraît que j'ai toujours envie d'embellir mes exploits ?
* Si je pars dans une grande aventure, ce n'est pas pour marcher dans la poussière ou sous un soleil de plomb. Les meilleurs hôtels climatisés sont au programme et les lieux choisis sont généralement mondains, ou bien vus par l'élite.
* Ainsi donc, destinations de prestige et voyages de luxe sont privilégiés. Un petit tour en yacht, ou en jet privé, peut agrémenter mes changements d'air.
* J'aime suivre les idées des philosophes du box-office,et lire les prix Goncourt du moment. Le petit chercheur du coin, en philosophie ou en psychologie, ne m'intéresse pas.
* Finalement, j'ai surtout besoin de valoriser mon image personnelle, et d'acquérir plus de notoriété dans mon intérêt pour les sciences humaines et la philosophie.
* Je cherche à donner un sens aux choses et à l'humain, mais surtout à moi-même. Je reste cependant enthousiaste et prolixe avec mes sujets... d'étude.

Conseils

Osez un peu plus de simplicité. Descendez de votre trône ou de votre estrade ! Vous n'êtes pas obligé de toujours reprendre à votre compte les idées, démonstrations ou réflexions des autres.

Évitez donc de nous expliquer ce que nous vous avons appris la veille !

Vierge en Maison IX

* Mes voyages, comme à mon habitude, sont très organisés. Et cela, dans les moindres détails ! Avec moi, l'intendance suit toujours,quitte à avoir du stock en supplément au cas où... J'arrive même à prévoir l'imprévisible !
* Avant le départ, je suis prêt(e) à faire et à défaire tous les préparatifs ou les valises, ce qui m'amène parfois à être en retard, tant il y a à faire ! Moi qui pourtant aime être très à l'heure !
* Dans cette phase préparatoire et même ensuite, un petit rien me stresse et bouscule mon sens de la perfection. Je sais, c'est parfaitement ridicule de me crisper sur ces objectifs imaginaires de perfection et de mérite... Ai-je tellement peur qu'on me reproche de ne pas avoir été au top de l'efficacité, de la prévoyance, et de la gestion concrète des opérations ?
* Les études concernant l'humain, et sa vie en société m'intéressent, surtout ce qui a trait à leur côté pratique, et leurs possibilités d'application concrète et matérielle.
* Mieux organiser et améliorer le fonctionnement du groupe reste ma priorité. Je veux que ma méthodologie soit efficiente, et se mette en marche avec rigueur et efficacité.
* Une bonne psychologie relationnelle, un bon coaching pour entretenir une belle qualité de vie au quotidien, m'attire plus que les grandes théories abstraites, par trop intellectuelles. Je préfère les méthodes applicables rapidement !
* D'une manière générale, je passe au crible de ma critique et de ma raison tous les enseignements qui peuvent s'offrir à moi. Je ne suivrais pas n'importe quel maître ou gourou d'opérette ! Je ne suis pas du genre à me faire abuser, ou

à me laisser duper par une approche psychologique ou philosophique, fût-elle nouvelle ou à la mode...

* Ce qui m'intéresse dans la philosophie ou l'astrologie, c'est l'aide éventuelle qu'elles peuvent m'apporter dans ma recherche du mieux-être. Être mieux dans ma tête, et surtout dans mon corps, reste une piste non négligeable pour mon bonheur durable.En tous cas, il me faut du sérieux, du précis, du pragmatique, du « terre à terre » !

Conseils

Osez aborder les choses avec plus de sensibilité, un peu moins d'analyse, et en laissant de la place à de belles analogies.

Tentez une approche plus holistique, qui ne soit pas uniquement focalisée sur un point précis, faisant oublier le reste.

À trop valoriser un petit détail, vous risquez de passer à côté de l'essentiel !

En un mot, osez plus de ressentis à la place du raisonnement habituel, et approfondissez les choses avec votre cœur et tous vos sens.

Balance en Maison IX

* Je choisis en général des « voyages première classe », en tout cas pas la croisière avec 5000 passagers avec son décor « kitch à mourir ».
* Mes préoccupations premières sont d'ordre artistique, avec une recherche de beauté et d'harmonie qui m'est chère. Je me fais plaisir tout en restant finalement dans une ambiance assez convenue, et avec des choix plutôt classiques. Mes voyages sont essentiellement à but culturel, et j'aime le raffinement décliné à toutes les modes.

* Le principal, pour moi, étant ici d'aller vers l'inconnu, mais de façon tranquille et harmonieuse, je reste toujours prêt à découvrir l'étrange ou tout ce qui m'est étranger ou inhabituel, mais dans une ambiance feutrée et sans remous !
* J'ai le désir de chercher, de creuser en utilisant toutes méthodes aptes à permettre que les relations se passent au mieux dans le meilleur des mondes !
* *Le Peace and Love* résume mes valeurs fondamentales... J'aimerais que dans les groupes tout le monde s'aime sans affrontements ni tensions, et surtout sans conflits !
* J'utilise donc en société, ou dans de petits groupes, mes talents de diplomate et suis toujours prêt à faire des concessions et à m'adapter aux autres.
* Parfois, ma propension à vouloir plaire à tout le monde m'amène à me faire exploiter ou abuser.
* Mes choix de recherche visent à mieux relier entre elles les personnes, les conceptions et les opinions. Ai-je tendance à trop me conformer aux philosophies ou psychologies en cours ou à la mode, au risque de niveler par le bas mon approche ?
* Finalement, je sais très bien que « la différence fait la force », et enrichit l'ensemble. Tout est dans l'équilibre à trouver...

Conseils

Évitez de trop vous conformer au « bien-pensant culturel ». Osez vous aventurer en avant-garde ou vous différencier quelque peu. Prenez le risque que tout le monde n'appécie pas ce que vous aimez ou prônez. On ne peut pas ramener la paix partout en cinq minutes...

Faites la paix entre votre tête et votre cœur !

Scorpion en Maison IX

* Mes voyages vont concerner des choses ou des lieux passionnants, voire dangereux. Le côté aventureux du voyage me plaît bien.
* Je suis prêt(e) à prendre des risques pour escalader un volcan, ou tenter l'aventure d'une nouvelle voie au centre de la terre, ou au fond des abymes océaniques les plus profonds, toujours prêt pour une traversée du désert en chameau ou une exploration en Antarctique seul(e) avec mes chiens, sans oublier l'Everest sans oxygène…
* En résumé ; il me faut des défis ! Il me faut de l'intense ! Il me faut du dépaysement palpitant.
* Côté connaissances et sciences humaines, j'aime voyager au cœur de la psychologie des profondeurs, des philosophies de l'impénétrable, ou de l'ésotérisme.
* J'aime transmettre mes prises de conscience avec passion et je mets beaucoup de fougue dans mes transmissions et mes recherches de persuasion. Je peux parfois m'orienter vers des recherches religieuses et m'enticher d'un Gourou !
* Sonder la psyché, par tous les moyens, est une de mes priorités. Comment comprendre encore plus, comment aller rencontrer ce qui reste au plus secret de l'âme humaine…
* En fait, j'adore propager les idéologies, ou les croyances, qui me tiennent à cœur.

Conseils

Essayez, si possible, de rester plus tranquille et doux.

Arrêtez de trop fonctionner au défi. Se torturer tous les matins peut fatiguer !

Cherchez un peu moins le pouvoir au cœur de vos démarches à but humanitaire.

Osez vous mettre réellement au service de l'évolution des comportements en participant à l'avènement d'une meilleure compréhension spirituelle de l'humain.

Aussi, n'utilisez pas vos connaissances intellectuelles, ésotériques ou psychologiques pour manipuler au seul profit de votre puissance personnelle, mais plutôt pour en faire profiter les autres, de façon juste, saine, voire généreuse.

Sagittaire en Maison IX

* Ici, j'aime voir grand ! Je garde toujours ce goût extraordinaire pour les grands voyages, de préférence lointains. Je veux tout connaître, et plus encore !
* Je reste donc prêt(e) pour les explorations les plus aventureuses possibles. Et donc partant(e) pour un monde inconnu *En terre inconnue*...
* Je vis de l'excitation que procure l'idée de rencontrer quelqu'un, ou des groupes, que je ne connais pas, et si je suis accompagné(e), je n'écoute guère les avis ou conseils.
* C'est avec passion que je vais raconter mes grands voyages à des gens qui n'en ont parfois rien à faire, en oubliant même de les saluer !
* J'adore brasser de grandes idées, des concepts élevés, et des codes éthiques plus ou moins étriqués. J'ai cette capacité à m'ouvrir à toutes formes de réflexion supérieure, voire à des pensées ou croyances nouvelles.
* Me guette parfois le « danger d'exagération » en voyant trop grand, avec des idéaux trop puissants, ou des buts trop lointains pour le ou les petits humains imparfaits que nous sommes. Si j'en fais trop, c'est que je reste emporté par mes élans parfois un peu fanatiques et mes rêves exigeants. Pris dans mon enthousiasme, je risque en effet

d'être intolérant, tant mon feu veut brûler et dynamiser autour de moi.

* Régulièrement, j'offre cette injonction : «*Je vais vous dire ce qui est bon pour vous!*». Il est vrai que si on ne va pas vraiment dans mon sens, j'ai tendance à rejeter l'autre, les autres, et à les ignorer, voire les mépriser...

Conseils

Vous êtes invité(e) à vous calmer un peu, et à moduler judicieusement votre côté «survolté»! Défendre vos idées, oui, mais rien ne vous oblige à les imposer aux autres!

Laissez à l'autre le droit d'avoir ses propres opinions. Ne vous prenez pas pour le Pape ou le Messie, même si ce pouvoir par les idées et les dogmes semble garantir votre sécurité psychique...

Méfiez-vous du fanatisme ou des œillères mentales qui mènent souvent dans le mur. Modulez votre belle énergie de feu, sinon certaines limites seront vite atteintes, et porteront atteintes. Les grandes tours peuvent s'écrouler vite, comme certains grands chênes moins solides que des roseaux...

Capricorne en Maison IX

* Mes voyages sont très organisés et planifiés à l'avance. Ils se veulent utilitaires et instructifs. Je reste partant pour tout «Voyage d'études» qui pourrait être utile à mon ambition personnelle, et servir à mon avancement.
* Mes grands déplacements sont d'ordre scientifique, géographique, climatologique ou écologique. J'aime quand ils ont aussi une fin utilitaire et sociale directe : mise en place d'un plan d'irrigation, études d'application de creusement de puits, ou installation d'éoliennes dans le désert, voire de l'implantation d'un commerce, ou sauvetage de la forêt sauvage, etc.

* Dans le domaine philosophique, ou psychologique, j'adore me concentrer sur un sujet précis, sans m'éparpiller un instant. Je veux que mes réflexions, ou mes efforts de compréhension aboutissent à des réalisations concrètes, à des règles d'organisation précises ou à des lois efficaces.
* Je veux bien apprendre l'astrologie à condition que cela me serve pour mieux recruter du personnel. Je veux bien étudier la graphologie, si cela m'aide à mieux comprendre mes salariés, et à optimiser mon entreprise !
* J'aime renforcer cette idée de hiérarchie et de structuration des choses et des êtres et m'oriente en priorité dans des réalisations cadrées et des résultats indiscutables.
* Mes recherches s'appuient beaucoup sur ce qui a été déjà testé ou pratiqué dans le passé car je me méfie des dernières nouveautés trop vites émergées, et qui n'ont pas encore fait leurs preuves.
* J'observe la manière dont les autres gèrent leurs affaires, et j'en tire ensuite le meilleur pour mes constructions et réalisations personnelles.
* D'une manière générale, je souhaiterais une « Société parfaite » et très organisées et milite dans le sens de cette direction idéale des choses et du monde.

Conseils

Osez mettre un zeste de nouveauté dans les choses, même si ce n'est pas votre tasse de thé ! Éloignez-vous un peu du conventionnel, et osez bousculer un peu l'ordre du monde. Il est possible de faire « avec ce qui est » tout en rajoutant un peu de fantaisie.

Mettez un peu de couleur dans votre vie !

Verseau en Maison IX

* J'aime les voyages humanitaires ou, d'une manière générale, ceux qui peuvent être porteurs d'une vision nouvelle de l'organisation humaine ou d'une société non conventionnelle.
* Je me déplace surtout pour rencontrer de nouveaux amis, pour parler longuement avec eux. Si je pars à l'aventure, c'est de préférence à deux ou à plusieurs. Le chemin solitaire ne me convient guère !
* Je peux aussi chercher à voyager dans ma tête à l'aide de livres et de films. J'apprécie les conférences de « Connaissance du monde », et je soutiens les ONG qui travaillent hors des sentiers battus.
* J'aime apporter du changement, voire une certaine « révolution » là où je m'implique, et si je peux être utile à une nouvelle éducation quelque part, je n'hésiterais pas. Je peux même m'engager dans un programme d'alphabétisation en Afrique, ou dans une aide à l'émancipation des femmes.
* La philosophie ou la psychologie ne m'intéressent que dans la mesure où elles peuvent aider à l'évolution des peuples, et à l'avènement d'un monde nouveau. Comment puis-je amener le monde à se transformer ? Telle peut être ma quête ici au service de l'humain. Le « travail sur le collectif » m'attire plus que le « travail sur soi ».
* Favoriser l'émergence de nouveaux comportements humains, militer pour un groupement d'avant-garde, ou un parti réformateur, fait partie de mes priorités.

Conseils

Oui, vous voulez aider... Oui, vous voulez avoir un rôle social, et toutes vos idées nouvelles sont intéressantes. Mais, osez quelque peu passer au concret, et à la construction réelle au quotidien de votre modèle de société nouvelle.

Vous n'êtes pas obligé d'aider les autres simplement pour vous faire plaisir et donner l'image de celui ou celle qui se dévoue tellement pour ses semblables !

Minorez un peu votre tendance à imposer aux autres ce que vous trouvez bon pour eux, et laissez-les expérimenter par eux-mêmes. Tout le monde n'est pas prêt à vous suivre. Abandonnez l'idée selon laquelle tout le monde devrait marcher derrière votre belle bannière réformatrice.

L'évolution a ses raisons que la raison ne connaît pas !

Poissons en Maison IX

* Mes voyages sont à caractère méditatif ou spirituel. J'ai besoin d'un but mystique ou religieux pour partir à l'aventure. Traverser les océans ou vivre seul en plein désert, j'ai le choix de mes nombreuses envies en la matière. D'une manière générale je cherche plutôt l'ascèse et les grands voyages de l'esprit !
* **À noter :** ce signe peut illustrer une grande variété de comportements. Il arrive même que certains « Poissons » restent largement les pieds dans l'argile... au lieu de prendre le large !
* En philosophie ou en psychologie, je reste surtout intéressé(e) par les démarches spirituelles, et tout ce qui peut donner un sens à la vie. Ma ferveur religieuse m'amène à idéaliser mes meilleurs guides et certains trouvent parfois que je suis trop vite attiré(e) par le premier Gourou venu.

* Mais ne me prenez pas toujours pour un naïf prêt à suivre les charlatans de la psyché et de la manipulation mentale. Il est vrai que j'ai tendance à être particulièrement compassionnel, mais ce n'est pas une raison pour me laisser influencer par une nouvelle secte.
* Mon ambition serait plutôt de devenir « Prophète », et d'aider à l'éclosion d'une Conscience plus large, plus mature, et plus éveillée. Ma capacité à accéder à une belle « hauteur de vision » peut m'aider à transmettre aux autres une synthèse des « messages des plans supérieurs ».

Conseils

Osez revenir de temps en temps à des choses plus terre à terre. Prenez le temps de vous construire un ego solide qui vous évitera de dépendre d'un charlatan, ou de finir victime d'on ne sait quelle superstition.

Ne restez pas trop « là-haut » ! Confrontez un peu le concret, stabilisez votre propre base.

En un mot, il est possible d'avoir à la fois la tête dans les étoiles et les pieds sur terre sans forcément nager en eaux troubles ?

MAISON X

De quelle manière je vis ma participation active et responsable au niveau des enjeux de la société. Ma « vocation » et l'exercice de mon pouvoir social.

À noter

Beaucoup de gens ne vivent pas l'expérience de cette Maison…

Bélier en Maison X

* J'aime ouvrir des chemins nouveaux, et exercer une activité dans la société, là où il y a la possibilité de prendre des initiatives et de mettre en œuvre mes « élans de feu ».
* **À noter :** je trouve ma dynamique personnelle dans la nouveauté en particulier quand je me trouve en première position.
* J'aime entraîner les autres, les motiver, les mettre en marche ! J'aime ouvrir des chemins nouveaux, et explorer activement des territoires inconnus. J'ai vocation à être leader et à courir devant mes troupes.
* J'ai besoin que mes engagements au sein de la société se renouvellent. Je suis prêt(e) à changer de « job » dès que je m'ennuie un peu. Il y a tant à faire ailleurs et de manières différentes !
* Ma dynamique propre réside dans mon élan, et dans ma capacité à monter au créneau ou à me mobiliser

rapidement. Un poste de chef de projet, une activité d'inventeur me vont très bien.

Conseils

N'hésitez pas à vous battre pour accéder à une place de leader éclairé, ou de chef respecté. Batailleur ou conquérant, vous avez besoin de vous imposer là où votre dynamique restera la plus active.

Taureau en Maison X

* Il me faut de la productivité et des résultats concrets. Je suis fait ici pour être « Réalisateur », pour mettre en place ce que d'autres ont déjà conçu ou inventé. Si j'ai besoin de trouver mon pouvoir dans le fait de produire, j'ai aussi, et surtout, besoin de constater le résultat de mes efforts et d'en être fier !
* Je m'oriente plutôt vers des métiers manuels et de contrôle.
* Je peux exceller dans le monde de l'Art. Sculpteur, ébéniste, ou autre restaurateur de tableaux anciens. Tout ce qui demande d'avoir le sens des bonnes finitions attire mon attention. Rigueur et délicatesse sont mes options préférées...

Conseils

Commencez par produire de petites choses, et ces résultats poseront les bases d'une confiance en vous qui ne pourra que progresser.

Même si tout pousse au changement par les temps qui courent, vous avez le droit de rester toute votre vie attelé à une même tâche, ou à une même activité professionnelle. Personne ne donnera tort au Taureau d'avancer en « toute fidélité » sur la voie unique qu'il s'est tracé un jour...

Gémeaux en Maison X

* J'utilise mes belles aptitudes intellectuelles, mon esprit vif et curieux, pour exercer mon pouvoir social. J'ai la capacité de m'adapter à de nombreuses situations, et à jouer un rôle dans la gestion des ressources humaines, du commerce ou de la diplomatie.
* J'aime résoudre des conflits, expliquer, convaincre, démontrer et apprendre.
* Je suis à ma place lorsqu'il s'agit d'acquérir plus d'expérience, et d'accroître mes connaissances. Toujours en apprentissage, je reste curieux de tout...
* J'ai la faculté de pouvoir oser plusieurs métiers en même temps car j'ai à ma disposition une belle mémoire dans laquelle je peux puiser à volonté pour alimenter mon discours et mes enseignements.
* Mon point fort ici se révèle être ma parole que je manie avec dextérité et persuasion... et avec une multitude de gestes !

Conseils

Il vous reste à trouver le meilleur endroit dans votre environnement social où toutes ces belles qualités vont pouvoir être utilisées et se développer à loisir, depuis le poste de DRH en passant par celui du représentant, du vendeur talentueux ou de l'animateur télé. Sans oublier le théâtre et la chanson !

Aussi n'hésitez pas à vous extérioriser, à vous faire connaître par les médias et les réseaux sociaux, et à expliquer que vous êtes le meilleur, ou tout du moins que vous proposez au public ce qu'il y a de meilleur...

Cancer en Maison X

* Je préfère me focaliser sur une activité bien définie (et bien sécurisé ?). J'ai besoin d'un environnement social et professionnel qui reste à l'échelle de « mon petit monde », ou qui se trouve être un lieu ou un espace bien sélectionné. C'est là que je pourrais utiliser ma grande sensibilité et mes belles intuitions.
* J'aime gérer de façon douce et chaleureuse mes engagements sociaux. J'ai besoin de me sentir « en affection », c'est-à-dire tisser divers liens affectifs dans mon cadre professionnel que je conçois comme une grande famille, où je peux exercer un rôle maternant et protecteur.
* Je peux exceller comme psychologue, dans une relation d'aide, ou encore dans l'accompagnement familial. Je peux aussi me retrouver assistante maternelle, ou m'engager comme secouriste...
* Les fonctions de commandement et les places de chefs ne sont pas ma priorité. J'ai tendance à ressentir les gens, les ambiances, et à ressentir la moindre tension ou agression larvée. Je déteste les conflits et les batailles. Il me faut travailler « en paix » !

Conseils

Ne vous laissez pas influencer gentiment par celles et ceux qui chercheraient à prendre un certain pouvoir sur vous. Sensibilité ne veut pas dire dépendance. Et gentillesse ne signifie pas soumission. Votre ego peut en avoir plein le dos de vos do-cilités !

Trouvez le juste milieu entre l'affinage de votre belle sensibilité et votre tendance à vous laisser envahir par les problèmes, les tensions et les émotions des autres...

En effet, lorsque l'ambiance devient dure ou tendue, votre réflexe est de vous « fermer comme une huître », de vous condamner au silence, ou de vous distancer des humeurs extérieures.

Vous avez la nécessité de grandir en âge et en sagesse pour pouvoir devenir performant dans cette maison astrologique.

Lion en Maison X

* J'aime me faire connaître et valoriser ma belle image. Et j'aime être applaudi(e) par le plus grand nombre. Je mets volontiers en place mon petit théâtre personnel dans le « Théatre social », de préférence là où le décor est brillant, et là où les lumières sont généreuses...
* Je m'investis donc dans un métier qui me valorise et me procure une position de prestige. Jouer les « Rois Soleil » m'irait très bien !
* Certains disent que « j'étale un peu trop » ! C'est qu'ils sont jaloux de mon rayonnement. Finalement, je n'ai pas beaucoup d'efforts à déployer pour faire croire que je suis le meilleur, car je le suis !
* Et si je me lance en politique, je reste fidèle à la meilleure image affichée de moi-même, celle qui obtient le meilleur score dans tous les sondages !

Conseils

Restez un peu plus simple, vous ne perdrez pas obligatoirement votre qualité d'être. Vous risquez d'agacer le monde en en rajoutant, ou en en faisant trop aux yeux des autres.

Osez déjà trouver en vous votre propre assurance. Osez déjà plaire... à vos propres yeux !

Cette confiance, une fois acquise, vous aidera à trouver votre juste brillance, votre vrai rayonnement.

Vierge en Maison X

* Ma vocation ou mon engagement social me permet d'affiner une technique ou une pratique.
* J'aime œuvrer dans la recherche intellectuelle, avec pour objectif de trouver une meilleure adaptation aux besoins les plus concrets, les plus quotidiens du moment. Mon grand sens pratique m'y prédispose...
* Tant qu'il s'agit de transformer, d'améliorer les choses, je suis partant pour l'aventure. Dans cette fonction, il paraîtrait que mon jugement objectif est particulièrement apprécié.
* Mon ambition sociale pourrait se résumer à trouver la meilleure méthode, ou à mettre en place la meilleure analyse des mécanismes en jeu.
* La recherche de haut niveau ne me fait pas peur. C'est là que je trouve ma place sans même la chercher. Je peux ainsi faire merveille dans de nombreux domaines, par exemple toute fonction d'ingénieur, ou d'une manière générale ce qui peut concerner le « mieux-être » ou la santé (diététique, ergothérapie, hygiène et prévention, etc.).

Conseils

Évitez de vous perdre dans un service par trop répétitif. Dès que l'ennui arrive et que la routine s'installe, vous pouvez avoir tendance à perdre votre énergie.

Restez surtout au service de ce qui vous intéresse, vous motive, et va dans le sens de votre haute notion du fonctionnement idéal des choses et des êtres.

Balance en Maison X

* Je peux exceller dans les activités concernant la relation ou les partenariats, en particulier celles liées à la vie du couple.
* Par ailleurs, je peux être performant(e) dans le domaine artistique et culturel ou dans l'harmonisation des équipes et des groupes pour créer une bonne ambiance dans l'entreprise. Il peut m'arriver de monter une agence matrimoniale...
* Mon option principale consiste à l'amélioration de relations interpersonnelles et les rôles ou responsabilités de médiateur, ou autre conciliateur, me correspond très bien. J'accepte même le poste d'ambassadeur sans faire le difficile...
* Par ailleurs, un parcours au cœur des Beaux-Arts ne me déplairait pas non plus. Rencontrer du monde, et mettre mes talents artistiques au service de belles et bonnes ambiances me convient parfaitement. La recherche d'harmonie et de beauté guide mes pas...

Conseils

Ne pas vous perdre dans trop de concessions ou de vagues arrangements pour que tout aille bien, mais veiller à ne pas vous oublier vous-même, en vous écartant de la route de vos vrais désirs.

À vouloir tellement que tout soit beau et harmonieux dans le meilleur des mondes, vous risquez de vous mettre de côté.

À trop respecter le cadre, vous en oubliez le vrai tableau. À ce compte-là vous risquez, à la longue, de ne plus vous voir en peinture...

Vous pouvez tenir compte des codes du moment ou du milieu... mais en restant de préférence le « Maître des cérémonies » !

Scorpion en Maison X

* Mon pouvoir réside dans le fait de m'engager dans des expériences intenses et complexes avec passion, et en cultivant le secret, le mystère.
* J'aime me « donner à fond » dans ce que je pratique. Ma manière d'exercer mon pouvoir sur les autres peut se révéler très utile pour eux comme psychanalyste ou psychiatre.
* D'une manière générale, je recherche efficacité et résultats. Je peux être très performant dans la lecture de l'inconscient des autres, et dans la clarification de leurs paradoxes ou contradictions intérieures. Comme j'ai le goût du risque, je ne sécurise pas systématiquement mes arrières car je sais aussi me retirer au moment opportun.
* Les domaines de la gynécologie, de la sexologie, voire du tantra peuvent m'attirer.
* **En résumé :** je préfère choisir des activités peu banales, voire « sulfureuses » ou délicates. Certains me verraient bien jouer les espions, d'autres sont prêts à me propulser en politique. Les réseaux occultes, les négociations périlleuses, les stratégies à risque peuvent satisfaire mon désir de belle circulation intérieure d'adrénaline.

Conseils

Ne faites pas les choses uniquement dans le cadre de défis, de provocations ou d'affrontements potentiels. Vous pouvez être efficace sans toutes ces recherches de rivalités cachées, et de tensions sous-jacentes, mais rien ne vous oblige à rester au bord du volcan qui ne prévient jamais quand il entre en éruption !

Il est vrai que vous aimez maintenir ce type d'énergie, et qu'elle vous aide pour réussir dans votre vie, mais il vous reste à tester d'autres voies plus subtiles et moins risquées. L'ennui vous pousse à faire des vagues, mais vous n'êtes pas obligé de générer des Tsunamis pour surnager...

Sagittaire en Maison X

* Quitte à avoir un rôle dans la société, je préfère m'impliquer dans de grandes et justes causes ou m'impliquer dans une fonction de « normateur » dans les affaires sociales pour dénoncer certaines injustices.
* Certains me voient en grand Prédicateur ou en petit Gourou !
* Mon panel de possibilité ratisse large depuis des fonctions de juge ou d'avocat en passant par des fonctions d'enseignant ou d'animateur de groupes d'étude et de recherche psychologique ou symbolique.
* Mon enthousiasme me met en mouvement. Ma recherche de vérité, et du sens profond des choses me dynamisent et me permettent parfois d'enflammer les foules... J'aime la coopération pour une bonne cohésion sociale dans l'esprit d'une société, soit conforme à l'éthique, à la morale ou à la religion.

Conseils

Attention aux dérives fanatiques ou aux conditionnements de masse. Que certaines règles ne deviennent pas dogmes...

Mettre de l'ordre ne veut pas dire mettre l'accent sur la répression et la rigidité. Un peu de souplesse, un peu d'ouverture et le courant passera mieux !

Pour un Sagit-taire, il ne s'agit pas de se taire, mais simplement de faire passer le message autrement, en douceur et en profondeur !

Que la règle soit au service de l'humain, et pas seulement l'humain au service de la règle...

Capricorne en Maison X

* J'ai un grand souci de position sociale, et une non moins grande conscience de l'importance du rôle que je peux jouer dans la société.
* Mon sens des responsabilités me rend crédible et sûr. Je préfère me limiter et donner ma pleine mesure à un secteur performant, et j'aime rester un bon spécialiste dans mon domaine.
* D'une manière générale, j'aime demeurer le «chef des opérations», de préférence de gros chantiers, des œuvres puissantes avec de gros enjeux...
* Mon ambition me pousse très vite à être responsable d'un groupe, d'une association, d'une commune. Comme je cherche à être le leader incontesté, j'ai besoin de faire mes preuves, et de montrer mon pouvoir et mon autorité.

<u>Conseils</u>

Il vous est conseillé de tout mettre en œuvre côté « maturité » pour pouvoir passer de vos petites responsabilités à d'autres plus grandes et plus importantes, demandant une solidité et une construction intérieure suffisante.

Pour maîtriser les choses, il vous sera nécessaire de « connaître votre sujet à fond »,votre faiblesse pouvant se manifester sur des questions qui vous sont inconnues ou étrangères !

Comme il peut vous arriver de douter de vous-mêmes, vous avez besoin d'être rassuré par votre expérience et votre professionnalisme. Confiance en soi rime, pour vous, avec compétence !

Verseau en Maison X

* Ma vocation est nourrie par un grand idéal humanitaire. J'aime, par mon action sociale, être le précurseur d'un monde nouveau, et de préférence en exerçant une activité qui sort de l'ordinaire.
* Je préfère jouer un rôle d'innovation. Je veux tout faire pour faciliter le changement... en commençant par une bonne critique sociale ! Mon champ d'action peut aller des *Restaus du cœur* à la défense du consommateur, en passant par *Le Secours catholique* ou *Médecins du monde*.
* Mon rôle essentiel ici est de penser et réfléchir à de nouvelles lois sociales, à de nouvelles pratiques sociétales. Je dois avouer que si je suis un spécialiste de ce « qu'il faudrait faire », mon rôle est moins de le réaliser ou de le concrétiser. Je laisse cela à d'autres !

<u>Conseils</u>

Évitez de trop rester dans de multiples propositions.

Essayez-vous dans une activité qui applique un peu vos idées et convictions. Passez de l'idéal à une certaine mise en œuvre !

Utilisez de nouvelles façons de faire, ou une certaine expérience issue d'une vraie maturité personnelle peut être utile.

Dans les groupes, osez donner une certaine responsabilité aux autres, une certaine liberté à vos salariés.

Vous pourrez ainsi devenir le « leader éclairé » d'un mouvement social d'évolution et de réforme.

Poissons en Maison X

- Beaucoup de qualités, beaucoup de compétences peuvent être à ma disposition, et il peut m'être difficile de savoir lesquelles exploiter ou mettre en valeur en premier. Il est possible que « je me cherche longtemps ».
- J'ai, en tous cas, envie d'appartenir à un Grand ensemble, et à faire passer de beaux messages au service de la collectivité. Certains appellent cela « être un messager divin ». Pourquoi pas ? Je cherche à participer à un « mieux spirituel » lié à une grande recherche d'universalité.
- « Œuvrer pour l'Univers » ? Peut-être. En commençant par m'ouvrir au monde, et en aidant à « l'ouverture de Conscience », tout cela de façon équitable et mature, comme s'il fallait faire ici la synthèse de tous les signes précédents !
- Il peut m'arriver de me retrouver « Prophète en mon pays », ou « inspiré par le futur ». Mais avant tout, il m'est demandé de régler bien des choses du passé...
- Ma grande intuition pressent les besoins du présent, et le bon moment pour s'en occuper. Je suis « dans le bain » dans tous les secteurs où on touche l'émotionnel, là où sont exigées sensibilité, écoute et empathie. Là où s'exerce la Fonction Mère compassionnelle... au plus mouvant de la grande mer des sentiments et des émotions...
- **À noter :** je fonctionne au ressenti dans la gestion de mes affaires et de mes engagements sociaux.

Conseils

N'hésitez pas à « amener du Sacré » dans votre belle démarche. Avoir une vision très large des choses, et un point de vue holistique peut se révéler être un atout, mais savoir « atterrir » ou « accoster » à bon port est utile aussi !

Restez un peu moins flou dans votre action peut être bienvenue. Recentrez-vous ! Clarifiez les choses ! Sortez d'un certain brouillard mental et ne vous y complaisez pas !

Marcher sur les eaux est fort sympathique, mais avancer sur la terre peut permettre, avec d'autres, de concrétiser et de matérialiser un petit peu cet immense désir de « Grandeur mystique », ou de « Paradis lointain ».

Rêver n'est pas vivre ! Incarnez déjà un petit bout de votre rêve... ce sera merveilleux !

MAISON XI

La manière dont je peux rechercher des solutions concrètes d'amélioration de mon environnement ou de la collectivité. Comment devenir un agent créateur sur le plan social.

Dans un 1er temps, mécontentement et critique du système, et des organisations en place.

Dans un 2e temps, avec des amis, ou des groupes plus larges, rechercher à faire évoluer les choses de manière tangible sur le plan social culturel et spirituel.

À noter :

Si la Maison X n'est pas suffisamment vécue (peu d'engagement social), la Maison XI risque de rester stérile ou vécue en échec. L'individu critique et ne fait rien.

La Maison XI invite à faire son autocritique, quel que soit le résultat du cheminement en Maison X.

Même si celle-ci « a réussi », il est suggéré ici de devenir créateur ou réformateur. Pour ne pas rester esclave du succès précédent !

Bélier en Maison XI

* Mon attitude dynamique, et mes amitiés viriles m'amènent à prôner l'action avant tout et en avant-garde.
* J'affirme mes idéaux sans nuances, et je reste toujours prêt(e) à agir dans l'instant, sans perdre du temps en ce qui concerne ce que j'estime être une trop longue et inutile réflexion préalable.
  «Allez! On efface tout et on recommence!»
  «Allez! Tant pis pour les détails, on y va!»
* Foin des questions limitatives qui pourraient ralentir mes élans. J'aime faire la trace et rester en position de pionnier. Je peux donc être un élément dynamisant dans le groupe d'amis ou de collègues dans lequel j'évolue en vue de cette recherche d'amélioration sociale. Je peux mettre mon énergie au service de nouveaux buts sociaux et culturels tout en restant efficace tant que je peux passer à l'action très vite et sans tergiverser.

Conseils

Méfiez-vous d'une attitude qui pourrait devenir agressive, ou de votre envie de détruire plutôt que de construire.

Votre fonctionnement très personnel et votre faible inclination à discuter ou à négocier peut devenir source de conflits interpersonnels. N'imposez pas trop votre ligne.

Évitez de croire que tout le monde vous ressemble.

À trop foncer, vous risquez souvent de vous retrouver tout seul! Aussi, devenez conscient que votre nature auto-centrée vous amène à oublier de tenir compte des autres, de leurs désirs et rythmes différents...

Osez donc composer avec eux. Assouplissez votre façon de diriger ou dynamiser les groupes. Il est possible d'être un bon et joyeux leader sans avoir régulièrement besoin de (se) répéter : «Je suis le meilleur, ça ne se discute pas!»...

Taureau en Maison XI

* J'aimerais plus particulièrement améliorer les choses dans le domaine culturel et artistique. Je reste un apôtre du Beau. Les musées, le théâtre, le chant et la musique sont mes domaines de prédilection et d'investissement personnel.
* Je souhaite donner une nouvelle dimension à la culture et je milite pour l'épanouissement des arts les plus raffinés. Si je m'engage dans une démarche de changement ou de renouvellement, c'est surtout lorsque cela concerne le confort et le mieux-être, là où « jouir de la vie » devient un art sacré…
* Cela me conforte dans mes énergies de bases et mes sources de satisfaction les plus concrètes, les plus terre à terre.
* Ce n'est pas la société ou l'organisation sociale que je veux améliorer, mais plutôt la qualité des cadres matériels collectifs. Ce ne sont pas de grandes idées qui vont attirer mon attention, mais les conditions de chauffage ou de climatisation, la couleur du décor ou la douceur des coussins et des fauteuils, ou bien encore la qualité de l'intendance (du vin et des bons repas !).
* Au sein d'une entreprise, je préfère m'occuper des problèmes d'ergonomie et de l'amélioration de la production, sans oublier d'évoquer les temps de pause, la salle de yoga ou de babyfoot pour décompresser. Ou encore mettre l'accent sur la beauté des meubles de bureau, ou le côté agréable du décor de travail, la chaleur, la musique et les couleurs, toutes ces composantes psycho-corporelles favorables à une meilleure envie de travailler, et donc de rendre performante l'entreprise ou l'équipe…

Conseils

Évitez de rester trop passif une fois vos coussins installés, et le chauffage bien réglé.

Osez être plus critique, plus transformateur, plus novateur !

Ne restez pas trop longtemps enfermé dans le doux cocon des amis.Un peu trop de temps passé au café à siroter des bières ne vous rend pas forcément plus efficace, même si la chaleur humaine vous nourrit.

Méfiez-vous un peu de ce côté parfois un peu égoïste qui vous éloigne d'une vraie efficacité nécessaire à la mise en place de réelles et grandes réformes...

Les chantiers d'envergure demandent de sortir de son périmètre de sécurité !

Gémeaux en Maison XI

* Je mets mes capacités intellectuelles et mon désir de recherche d'idées nouvelles au service de l'avancement collectif.
* J'aime discuter et communiquer de multiples façons, et j'apprécie le jeu de l'échange comme source de réalisation.
* Le monde intellectuel m'attire, et c'est avec plaisir que j'aime en explorer tous les recoins, toutes les facettes.
* Par ailleurs, j'ai beaucoup d'amis. Mes amitiés sont changeantes et variées. J'aime le côté animé et expressif des communications. Lorsque je peux faire de l'esprit, et montrer ma grande culture, je me sens à l'aise.
* J'aime les débats chauds et colorés. Tant qu'il y a du mouvement, je reste partant pour l'aventure verbale ! Je fréquente donc volontiers les clubs, les groupes, ainsi que les salons commerciaux, etc.

* Là où il y a du monde à rencontrer, à convaincre, à animer, j'ai le don de mettre les gens en relation. Je reste apte à gérer les forums ou les sites de rencontre...
* Si j'œuvre pour le changement social, c'est surtout au niveau de la gestion politique de la société. Mais je peux très vite changer d'idées !
* Je suis surtout intéressé(e) par les concepts, les intentions, les perspectives, et beaucoup moins par la finalité des choses, ou leur mise en place. Je lance des idées en l'air... aux autres de les rattraper !

Conseils

Osez plus de constance. Arrêtez-vous de temps en temps sur un seul projet, sur une idée majeure... et approfondissez !

Ne cherchez pas uniquement à vous exciter avec le mouvement. Et essayez d'opter pour le concrétisable.

Il ne suffisait pas d'inventer le téléphone, il fallait aussi planter des poteaux et tirer des fils. Et quand on a eu l'idée de se passer des fils, il a bien fallu construire des relais !

Aussi apprenez à faire le tri dans toutes vos belles idées en fonction de leur possibilité de réalisation pratique et de leur valeur applicable...

Cancer en Maison XI

* Comme je reste un(e) parfait(e) intimiste, je ne me sens pas particulièrement à l'aise face à un grand public. Devant une foule, je laisse volontiers le micro à d'autres...
* Dès que « ça bouge trop », ou que « ça parle trop », je m'éloigne gentiment et je me réfugie dans mon petit « cocon de vie » protecteur et chaleureux.

* Œuvrer au sein des groupes me convient à condition qu'ils soient constitués de personnes que je connais déjà, et que le nombre des participants soit limité. J'ai besoin de me trouver « en pays connu ».
* J'ai tendance à beaucoup plus sentir que penser ou réfléchir. Je fonctionne donc plus facilement sur le registre de l'intuition et de la sensibilité que sur celui de la raison ou de la froide logique ! Je reste très perméable aux rumeurs et aux humeurs et je ressens les changements sociaux en gestation, ce qui peut me perturber un peu.
* Par ailleurs, je préfère traiter les problèmes ou les sujets qui me ressemblent et résonnent avec ma propre réalité ou mon propre ressenti et m'occuper des cas particuliers plutôt que des actions collectives ou des lois générales.
* Je cherche l'application possible pour chacun et chacune et remets l'individualité au premier plan en évitant de me perdre dans des schémas par trop généraux.
* **En résumé :** *« Restez centré sur la personne ». « Donnez la priorité à l'humain dans son originalité et son unicité ! ».* Priorité donc aux valeurs humaines… plutôt qu'aux « valeurs dites sociales ».

Conseils

Apprenez à « vous faire des forces », et travaillez à consolider votre ego. Osez renforcer votre présence personnelle pour mieux vous faire entendre dans les groupes.

Apprenez à vous protéger de « ce monde de brutes » en filtrant ce qui vous vient des autres, et ne vous sentez pas obligé de côtoyer de « grandes gueules » !

Finalement : Devenez plus fort pour mieux faire passer ou transmettre votre « Humanité sensible ».

Lion en Maison XI

* J'adore être entouré et rester le centre d'attraction ou d'admiration !
* Avec toute mon énergie, je peux me faire la part du Lion dans tout projet collectif ou de transformation sociale.
* En réalité, je m'occupe surtout de valoriser ma propre image et de flatter mon ego dans mes actions de groupes ou mes démarches en faveur d'un mieux-être social. En fait, je reste surtout au service de ma modeste personne !
* Ma vitalité peut m'être utile comme porte-parole d'un groupe ou comme marcheur en première ligne d'une manifestation. Mes talents « théâtraux », mes expressions spectaculaires peuvent être un atout en politique, ou pour dynamiser les groupes, voire les foules.
* Je me présente souvent comme une sorte de « Croisé d'un monde meilleur », habité d'une noblesse qui ne s'abaisse pas à prendre les armes dans des combats de bas étage. Mon énergie se plaît davantage dans l'étendard lumineux, que dans l'épée ensanglantée...
* **Côté amitiés :** je choisis des amis « brillants » ou en vue, des fréquentations qui flattent.

Conseils

Oui, vous êtes un vrai Leader éclairé. Mais laissez un peu de place aux autres, votre rayonnement n'en souffrira pas...

Trop faire de l'ombre aux autres vous coupe de leurs conseils et de leurs propositions.

Vous êtes le porte-parole, mais vous n'êtes pas « l'Idée » !

Vous êtes une grande pièce, ne vous prenez pas pour « l'Ensemble » !

Ne vous préoccupez pas exclusivement de votre image ou valorisation personnelle, mettez-la au service de votre cause ou des options que vous voulez défendre.

Vierge en Maison XI

* Il paraît que les « Vierges » sont, de loin, les plus efficaces dans cette Maison XI.
* C'est vrai, je me sens toujours prêt(e) à m'engager dans l'amélioration des conditions de travail ou des conditions de vie de mes concitoyens.
* Quand il s'agit de « faire du mieux », j'arrive avec mes méthodes et mes propositions concrètes et cherche des solutions pratiques, des perfectionnements réels. Je sais trouver ce qui va permettre de vraies rénovations ou restaurations. On peut faire appel à moi sans problème, pour toutes les mises au point possibles ou toutes les bonifications souhaitées.
* Je communique de façon très intellectuelle et réfléchie. Dans ma gestion concrète, pratique et efficace, il reste peu de place pour la bagatelle !
* Je trouve principalement des amis dans diverses collaborations intellectuelles, avec qui je peux cogiter à loisir et confronter des avis en gardant mon esprit critique en vue d'atteindre le meilleur.
* **En résumé :** je mets à disposition des groupes ou de domaines sociaux mes belles compétences analytiques, mes recherches de précision, et mon sens du concret.

Conseils

Ne restez pas trop centré sur un seul point ou détail.

Osez une approche et une réflexion plus large. Quittez le détail pour une vision plus globale. Agrandissez votre point de vue, vous verrez mieux l'ensemble des choses.

Ne « pinaillez » plus avec certains détails ou points trop particuliers, dans votre démarche d'amélioration sociale.

Osez considérer l'ensemble pour une fois !

Balance en Maison XI

* Lorsque je m'engage pour améliorer la vie sociale, c'est dans un grand souci de raffinement et avec le désir que les choses soient encore plus belles, plus « élégantes ».
* Et si possible que tout le monde évolue dans des décors de rêve !
* Mon slogan n'est pas *« Le revenu universel »*, mais *« À chacun son Château ! »*.
* J'ai un sentiment social très développé et je reste très relationnel(le). Je souhaite trouver des solutions qui amènent du mieux-être pour tout le monde.
* Je peux faire merveille dans les entreprises : aménager un coin « sieste », un coin « loisirs et détente », embellir le décor de travail, envisager l'acquisition de beaux meubles, sièges moelleux et de belles couleurs, écrans plus jolis, ou à la mode, plus ergonomique qu'économique. Avec moi, fini l'environnement professionnel ringard, place au *dernier cri* !
* En un mot, je recherche et trouve l'harmonie et ce mieux-être raffiné que seuls des gens de ma classe peuvent réellement apprécier...
* Travailler le relationnel m'intéresse au plus haut point. Pour que tout le monde s'entende bien dans un cadre sympathique et de bon goût. J'ai l'art de faire entrer l'Art dans l'entreprise... en espérant que le financement suive !
* **Côté amis** : j'ai un sens de l'amitié particulièrement développé, et je veux partager avec les autres une vie culturelle réelle, et ce sens de la beauté, du raffinement et du luxe qui me caractérise.
* Dans les groupes, je veille à ce que la parole circule bien et reste adepte de la Communication Non Violente (CNV).

Conseils

Arrêtez de suivre les modes. Osez tenir compte de ce que vous ressentez vraiment vous-même.

Laissez un peu tomber le « paraître ».

Écoutez vos vrais désirs !

Scorpion en Maison XI

* C'est en militant(e) passionné(e) que je me mets au service de l'avancement collectif. Mon engagement social est riche de mes belles envolées émotionnelles, et de mes actions déterminantes.
* Je reste toujours prêt(e) à m'enflammer pour trouver des solutions nouvelles ou réformer les choses. Pour moi, il y a nécessité d'être dans la « conscience collective ».
* Je suis partisant(e) de la « méthode active », beaucoup plus que celle du « blabla ». J'aime m'impliquer dans des mouvements d'action et lorsque je me mets en marche, c'est profondément et intensément.
* Avec moi, l'insatisfaction sociale sera exprimée avec force, énergie et impétuosité voire une certaine « violence ». On peut ainsi me retrouver sur les barricades, avec un casque sur la tête ou dans le costume sombre du militant plutôt « dur », plus malin que méchant ou purement belliqueux.
* Ma spécialité pourrait être ma façon subtile et indirecte de « mener le combat ». Un combattant de l'ombre, ou tout du moins en dehors des cadres officiels...
* J'ai des amis dont le profil me ressemble quelque peu... Des amitiés très fortes, très profondes et aussi très secrètes ! Des hommes et des femmes avec qui partager cette passion de l'avancement collectif et de la maturation des consciences...

Conseils

Osez chercher des actions plus paisibles. Vous n'êtes pas obligé d'être sous tension permanente. Et rien ne vous oblige à « casser tout, tout de suite » !

Expérimentez un peu plus de dialogue, et tentez certains compromis avant de passer à l'attaque !

Par ailleurs, ne profitez pas de vos actions sociales pour régler vos propres problèmes. Jouez plus collectif, et moins personnel.

Vous êtes invité, éventuellement, à régler les choses au sujet de votre agressivité personnelle, avant de jouer les justiciers !

D'une manière générale : Attention à trop de subjectivité !

Sagittaire en Maison XI

* Je prêche pour un meilleur ordre social. Tous mes projets au service du collectif ont pour effet de me dynamiser. Lorsque je me passionne pour une nouvelle organisation sociale ou religieuse, je réveille mes ressources endormies.
* C'est avec rigueur et éthique que j'aime approfondir les diverses lois auxquelles je m'intéresse. J'ai besoin d'un certain prestige, et je cherche un non négligeable pouvoir social. En tant que grand(e) idéaliste, je m'efforce de formuler mes idéaux de la manière le plus efficace possible.
* Mes amis, comme moi, ont cette « flamme idéaliste » qui nous pousse à fonctionner comme des « Croisés modernes », toujours prêts à défendre un bel idéal de société, à convaincre, et à se lancer dans un prosélytisme exigeant.
* En bon meneur, il semble que je sois trop enthousiasmé par mes propres idées et que je veux voir suivies par tous. Le troupeau reste un troupeau... et adopte souvent trop vite ma vérité ! Je peux certes déployer une énergie colossale, mais si le succès ne s'ensuit pas, je peux devenir un tantinet aigri, voire légèrement déprimé...

Conseils

Ne rester trop prétentieux en affirmant trop fort : « Je sais tout, donc je dirige les autres ».

Laissez-leur un peu la direction de leur esprit !

Calmez de temps en temps cette ardeur qui vous habite. Trop de passion peut nuire à votre cause, et le fanatisme se retourne toujours contre son créateur !

N'oubliez pas de partager avec les autres. Écoutez-les !

Trop centré(e) sur votre mission ou croyance, vous risquez de confondre mission et but !

Ne cherchez pas à trop soumettre les autres, à leur créer trop de tensions avec vos exigences. Prenez garde que les mots d'ordre ne s'effacent pas devant le désordre des mots !

Il n'est pas possible de forcer les autres à vivre « leur » bonheur, et d'agir à leur place. Laissez-les définir et tenter leur bonheur à leur manière !

Laissez aux autres le droit d'avoir ne serait-ce qu'une infime opinion personnelle...

Capricorne en Maison XI

* Bien que les actions de changement ne soient pas ma tasse de thé, je veux bien participer, à ma façon, à l'amélioration de « l'Etablishment », à condition que l'on reste suffisamment en accord avec la tradition !
* Je propose, en fait, « le changement dans la continuité ». J'ai besoin que les choses restent légales, convenues, classiques.
* Je peux, dans certains cas, devenir créateur d'une nouvelle forme de système collectif ou social, mais tout en respectant une belle éthique, et en ne changeant pas la hiérarchie des valeurs.

* Pour moi passent en premier le sens du devoir et le respect du chef et des lois existantes.
* **Côté amis :** ils ne sont pas foule... J'ai besoin d'amitiés solides, sérieuses et durables et j'évite donc les réseaux sociaux qui fonctionnent comme de grands troupeaux fictifs où l'on n'est pas sûr de s'allier à la crème de la société !

Conseils

Sortez un peu du cadre classique. Ne restez pas trop fidèle à ce qui est en place depuis si longtemps. Osez transgresser certaines règles périmées ou obligations désuètes.

Pour que les choses bougent de manière fructueuse, n'hésitez pas à « pousser les murs » !

Mettez un peu de sentiment dans vos engagements.

Il ne suffit pas de mettre du cœur à l'ouvrage pour que le cœur s'y retrouve. L'affectif peut rendre plus humaines certaines options et décisions... Un peu de chaleur ne nuit pas !

Verseau en Maison XI

* En tant que « mécontent-né » ou « insatisfait de naissance », j'aime bien critiquer tout ce qui peut l'être, et en particulier ce qui concerne le fonctionnement du système social et politique.
* J'ai surtout envie de « tout changer », et je reste toujours partant(e) pour militer et manifester pour le changement, voire la révolution. Ma place est souvent en tête de tout défilé contesta-taire !
* J'apprécie grandement mon large groupe d'amis, avec qui je peux régulièrement refaire le monde ! Nous contestons ensemble, nous bougeons, nous nous agitons, nous parlons beaucoup. Si tout allait bien qu'est-ce qu'on

s'ennuierait ! En principe nous ne souhaitons pas être contre par principe et je vous assure que nos propositions et critiques ne sont pas stériles et que nous cherchons à œuvrer pour le bien et le rêve collectif…

Conseils

Osez un peu plus de pragmatisme. Et si vous deveniez un « acteur positif de la réforme » ? Vous pourriez ainsi mettre plus facilement l'accent sur des solutions pratiques, des programmes plus clairement réalisables.

Évoquez de préférence l'aspect positif des choses, plutôt que la mise en avant de leurs côtés négatifs. Avoir trop d'a priori négatifs, n'aide pas beaucoup à faire avancer positivement les choses…

Quelle relation négative avec vous-même, cherchez-vous à exorciser ?

Poissons en Maison XI

- Je suis partant pour sauver le monde, afin d'aboutir à une humanité sans guerres et sans tensions.
- Mes aspirations généreuses concernent toute la planète. Mes élans sont universels, mes rêves sont océaniques, mes espoirs sont grands et sans limites…
- Certains disent que je reste un peu trop dans le « flou artistique », ou dans de belles « brumes de l'esprit ».
- Les cartésiens me trouvent peu réaliste, et estiment que je n'ai pas vraiment les pieds sur terre. Ils sont probablement jaloux de mes belles ouvertures d'esprit ! C'est vrai que j'aimerais faire disparaître ce qui ne va pas, alors que je ne sais pas exactement quoi mettre à la place…
- J'aime me servir de la musique comme soutien au changement ou à la contestation. Mon choix va vers les

« chansons engagées », ou les airs militants. Je peux aussi utiliser l'audiovisuel et médiatique : films, émissions-télé de conscientisation, tout ce qui peut réveiller les consciences !

* Il m'arrive de développer des talents de grand prédicateur, de « prophète moderne », ou de « messagers christique ». Le tout est de faire largement passer des messages qui ouvrent l'esprit, et dynamisent la croyance en un monde meilleur au service de tous, ou tout du moins de la majorité.
* Pour moi, le domaine humanitaire prend largement une dimension spirituelle. Il m'arrive de préférer « l'ouverture de conscience » et « nourriture spirituelle », aux avancées sociétales.

<u>Conseils</u>

Osez parfois redescendre un peu sur terre. Trouvez des moyens concrets pour transmettre au mieux votre grand idéal d'un monde meilleur.

Formulez vos messages d'espoir de façon plus claire et plus précise.

« Prier pour la paix » est bien sympathique ! Mais comment favoriser ou amener cette paix au quotidien ?

En résumé, que fait-on en application simple et pratique au quotidien ?

MAISON XII

Comment puis-je faire du neuf avec du vieux ?
Quelle peut être ma manière de faire le bilan,
de « poser mes vieilles valises » ?

En résumé

Garder du passé ce qui s'avère utile et riche pour aujourd'hui et/ou abandonner ce qui n'est plus à jour.

Bélier en Maison XII

* Je veux bien faire le bilan... mais rapidement ! J'ai vite envie de passer à autre chose, et ne souhaite pas perdre mon temps en m'attardant sur le passé. S'il y a besoin de « faire le point », c'est dans l'action que je m'y engage !
* Ici le « Pionnier » préfère foncer vers le futur que méditer sur son passé... Je choisirais plutôt de réviser ma façon d'agir : *« Ai-je été trop vite finalement ? »*
* Par ailleurs, je peux découvrir ici la façon de me guérir moi-même dans les actions que je mène au service des autres.
* **En résumé :** c'est dans le mouvement et l'énergie que je travaille sur mes manques et « ajustements spirituels ».

Conseils

Avant de foncer ou de monter au créneau, osez réfléchir.

Ayez le courage de vous arrêter un peu pour faire un peu d'introspection même si cela ne vous est pas naturel.

Ayez également un peu de patience !

La fuite en avant ne vous avancera pas beaucoup !

Taureau en Maison XII

- J'aime faire le point en prenant mon temps. C'est tout en patience et lenteur que je pratique l'introspection.
- Je joue donc les « inspecteurs » de moi-même à mon rythme habituel, c'est-à-dire sans bousculer mes vieilles habitudes et en restant sur mes certitudes pour quelqu'un qui reste soucieux d'apprendre à oser le détachement !
- Dans la vie, j'ai tendance à « faire, répéter et assurer »... Et si je m'offrais un peu de légèreté ou d'indulgence ? Une façon de prendre du temps pour le plaisir et non pour l'action.

Conseils

Osez apprendre le détachement et la non-possessivité.

Ne soyez pas trop dur avec vous-même, vous vous en porterez mieux. Et arrêtez de porter tous ces poids ou obligations à produire, finalement inutiles !

Éloignez-vous un peu de votre fonctionnement lent et tendu, osez moins de volonté crispée et plus de désir souple.

Cela n'en sera que plus profitable... et plus joyeux pour vous ?

Gémeaux en Maison XII

- Je suis prêt(e) à mettre mon grand « brassage d'idées » au service de mon bilan personnel. Rencontrer divers Psys, avec qui je vais parler et m'exprimer à l'envi, me va très bien. Par contre, descendre dans mes profondeurs inconscientes est pour moi une expérience plus délicate et plus difficile !
- Pour parler-vrai, je suis plutôt enclin à m'amuser et à jongler avec les mots, plutôt qu'à inspecter sérieusement mon inconscient !
- J'ai par ailleurs tendance à répéter que tout va pour le mieux, bien que mon inconscient ne soit pas franchement d'accord avec moi !
- Je veux bien apprendre mille choses concernant la psychologie, l'astrologie, la numérologie, etc., mais m'impliquer dans un travail au cœur des méandres de ma psyché est une autre histoire ! Je veux bien aborder la chose intellectuellement et avec de très beaux discours pour me rassurer, mais cela ne résout pas tout !
- Dans cette Maison XII, il m'est demandé d'arrêter de « tout savoir », et d'oser une vraie écoute intérieure. C'est-à-dire oser plonger profondément en moi-même, et apprendre à ressentir un peu plus, pour ainsi rencontrer mes émotions, et y mettre de l'ordre et du calme. Faire le tri dans toutes ces idées foisonnantes, et ces nombreuses informations peut donner lieu à plus de lâcher-prise et d'harmonie.

Conseils

Calmez votre mental omniprésent, et arrêtez de croire qu'il sait tout et que tout va bien. Cessez d'imaginer avoir saisi le fonctionnement de monde parce que votre mental pense avoir tout compris, alors que la réalité est parfois tout autre !

Si ce travail de contact et de nettoyage intérieur a été suffisamment effectué, le résultat sera un plus grand calme intérieur pour vous-même.

Cancer en Maison XII

* Grâce à ma nature très sensible et émotive, j'ai les moyens d'aller plonger à l'intérieur de moi-même, et d'apprendre à y faire le ménage pour y voir plus clair.
* Il paraît que je « traîne » bien des histoires familiales qu'il me reste à régler, à nettoyer, à surcompenser, autrement que par des pensées ou des déductions mentales ou intellectuelles ! C'est peut-être l'occasion de rentrer en contact avec une éventuelle dépendance accrue à mon « cocon familial » ou à certains attachements émotionnels pour me dégager, à ma manière, d'un « bourbier familial psycho-affectif » qui ne me va plus, ou ne me concerne plus, et enfin, d'aller explorer certaines zones d'ombres familiales pour confronter quelques vieux schémas de répétitions qu'il m'est utile de réformer, plus précisément ceux en liaison avec l'image de la mère ». Cette image est en effet souvent problématique, et peut se transférer dans la relation à la femme, ou aux femmes...

Conseils

Éloignez-vous de ce qui ressemble à des marécages sentimentalo-émotionnels, pour devenir plus fort, plus affirmé, plus déterminé.

Si le « job » a été bien fait, si ces problèmes ont été réglés au fil de ma progression personnelle, je peux m'attendre à me retrouver plus confortable dans mes affects et avec des « marées intérieures » beaucoup plus sereines.

Lion en Maison XII

* Aurais-je une façon très personnelle de m'occuper des tréfonds de ma personne ?

  Deux options possibles :

  - Si j'ai tendance à rester faible dans mes énergies et mon identité, je vais me réfugier dans un orgueil sans fondement qui va finir par me couper du meilleur de moi-même. Il me reste donc à travailler sérieusement si je veux continuer d'avancer sur le chemin de mon épanouissement.
  - Si j'ai tendance à être fort dans mes énergies, positionnements et rayonnements, je peux rencontrer la réussite dans tous les domaines et devenir fier de moi, tout en apprenant une certaine simplicité.
* Je peux aussi travailler sur le bon dosage de mon image personnelle. Est-elle insuffisante et pauvre ou bien est-elle en excès, en surbrillance ou en aveuglement personnel ?
* En fait, les épreuves que je rencontre sur mon chemin sont à mon service pour réajuster les choses et faire le point.

Conseils

Si vous avez « fait le job », et correctement réglé les choses à ce niveau, vous ne pouvez que récolter les fruits de ce travail, c'est-à-dire une réussite solaire et bien méritée. Vous vous retrouvez bien dans votre propre image,tout content de vous admirer dans votre beau miroir, sachant qu'à tout instant vous pourrez enfin compter sur vous...

Finalement, toute réussite de votre part va solutionner, dynamiser ou éclairer les problèmes familiaux ou sociaux.

Cette lumière nouvelle est très propice pour « nettoyer » l'ensemble !

Vierge en Maison XII

- En utilisant mes capacités à faire le point, à analyser et à détailler à loisir le « pourquoi et le comment », je peux m'engager dans une douce remise en question.
- Il paraît que je suis le premier ou la première à courir chez le psy. En effet, mon goût et mon grand désir de perfection, ici dans le domaine d'une meilleure gestion de moi-même, me poussent à chercher aide et accompagnement chez les psychologues, astrologues, voire numérologues dignes de ces noms.
- Il me reste à me méfier de mon habitude à me perdre dans les détails, qui pourrait représenter une partie de mon beau système de défense et m'amener à esquiver certaines initiations prioritaires... Attention à ce que l'arbre n'empêche pas de voir la forêt de toutes mes potentialités cachées !
- Dans cette Maison XII, il m'est donc demandé d'avancer sans rester accroché(e) au « mieux » qui n'en finit jamais !
- Si je n'exploite pas les cadeaux que me fait l'univers, ou si je n'agis pas à bon escient, les petites, moyennes ou grandes somatisations vont finir par montrer leur nez et dire à leur façon ce que le reste a du mal à exprimer.

Conseils

Ayant finalement bien fait le « job », ou accompli un travail suffisant sur vous-même, vous pouvez vous retrouver tranquillement en paix avec votre Moi profond et avoir cette sensation que « tout est en ordre ».

Alors, vous pourrez jouir de cette nouvelle pureté intérieure.

En résumé, évitez de devenir un de ces maniaques de la propreté qui nettoient compulsivement à l'extérieur ce qui est surtout sale à l'intérieur !

Balance en Maison XII

* C'est au cœur de la relation à l'autre qu'il m'est prioritairement demandé de faire de profonds bilans et d'y voir plus clair, sans nier les choses ou en procrastinant.
* Même si pour moi il n'est pas très facile de confronter les remous de mes émotions les plus inattendues, ou de reconnaître et gérer mes pulsions primaires, j'ai intérêt à visiter les diverses strates de mon inconscient.
* Affronter l'ombre n'est certes pas ma priorité, et je préfère voyager au-dessus des nuages, là où les choses restent en « harmonie », ***là où l'art des mots nie*** !
* Me regarder en face, et sans fard, dans le miroir n'est pas, au départ, très aisé. Je reste lié à mes « projections personnelles » finalement assez conventionnelles !
* C'est lorsque je recherche un ou une partenaire que les leçons me sont gracieusement offertes par l'univers pour me permettre de maturer et grandir.
* En effet, c'est lors du démarrage d'une relation qu'elle soit amicale, professionnelle ou amoureuse, que les « interpellations » les plus utiles ou bienvenues auront tendance à se manifester. C'est là qu'il y a une réelle nécessité de faire le point, sans point contourner l'apparente difficulté ou l'obstacle !
* Dans cette Maison XII, il m'est suggéré de travailler sur mes schémas familiaux et culturels, en particulier au niveau de mes reproductions, fausses fidélités, et systèmes de « rattrapages ou de réhabilitation » du passé, que ce soit du côté de la lignée de ma mère, ou plus encore du côté de mon père, et des hommes qui l'ont précédé.
* C'est-à-dire une invitation claire à revoir mes idées sur le mariage, l'amour, le sexe, là où il reste finalement à éclaircir un certain nombre de choses, ou diverses fausses croyances ou habitudes limitatives.

* Pour un homme, trouver le juste milieu entre un autoritarisme forcené ou une paresseuse tolérance ou pour une femme, la dépendance soumise et une agressivité trop masculine.

Conseils

Ayant retrouvé votre verticalité et amplifié votre conscience des choses et de vous-même, vous pourrez arriver à une réelle égalité, et à un juste équilibre générateur de bien-être, d'épanouissement personnel et d'harmonie relationnelle.

Ainsi, si je « job » a été fait, si un certain travail sur vous, véritable et approfondi, a été réalisé en la matière, l'harmonie et le bonheur pourront alors s'installer durablement dans votre monde intérieur, et dans votre environnement humain.

Scorpion en Maison XII

* Bien que je sois beaucoup plus intéressé(e) par l'exploration des profondeurs de mes proches que par les miennes, il m'est demandé ici de m'efforcer de regarder en moi-même pour y découvrir les divers secrets restés bien cachés dans mes oubliettes intérieures, tout ce petit monde mis au placard dans les soubassements de mes ombres…
* Dans cette Maison XII, il m'est proposé de mettre de l'ordre dans ces différentes strates de moi-même, et de ne pas hésiter à remuer le fond du vase !
* Il peut se révéler passionnant de faire ainsi le ménage, sans se ménager, pour pouvoir s'aventurer dans certains recoins méconnus en transgressant un peu l'interdit de ne pas y toucher !
* Parfois, c'est dans l'intensité de la relation sexuelle que vont se révéler les points à travailler. C'est là que peuvent ressortir les « choses cachées de la vie », qui ont tant à

nous dire. C'est aussi là que vont émerger les systèmes de manipulation interpersonnelle à l'image de ma tendance à me faire manipuler qui me pousse à devenir ou manipulateur ou manipulatrice ou comment le rôle de victime que je pourrais avoir tendance à jouer m'amène à devenir bourreau !

Conseils

Le « job » ayant été bien été fait, et ce travail sur vous-même effectué en toute authenticité et conscience, le « Pouvoir juste » sera au bout de votre chemin.

Ainsi, personne ne pourra avoir de prise sur vous et disparaîtront de votre vie les relations du style « Dominant/ Dominé ».

Vous n'aurez alors plus besoin de vous retrouver, ou de vous considérer comme victime. Plus personne ne pourra abuser de votre ignorance passée ou de votre naïveté disparue.

Sagittaire en Maison XII

* C'est avec fougue et entrain que je peux me lancer dans mon bilan personnel et travailler sur mes profondeurs. J'aime à rechercher ce que je ne connais pas vraiment de moi-même et reste partant pour une « belle aventure intérieure ».
* Attiré par ce monde étrange, ou ces zones inconnues en moi, je suis prêt à accueillir les surprises qui pourraient jalonner ce chemin initiatique intérieur.
* Cela dit, en parallèle ou en miroir, j'aime m'engager à l'extérieur et savoure ce sentiment d'avoir à accomplir des missions sociales ou religieuses utiles au collectif.
* Les responsabilités humanitaires ne me font pas peur. Me lancer dans une mission sociale est un peu ma manière

d'effectuer mon nettoyage intérieur. En voulant m'occuper des autres, je m'occupe, bien sûr, de moi-même.

* Clarifier et comprendre le sens des choses à l'extérieur est une façon pour moi de prendre conscience de ce qui se vit plus ou moins bien en moi.
* Je m'engage donc avec passion dans ces œuvres humanitaires, me réjouis d'assumer mes responsabilités, et de mettre autant d'énergie dans ma profonde recherche de « sens et de vérité ».
* Je peux me lancer dans l'étude de la philosophie, de la psychologie, de l'astrologie ou de la numérologie humaniste, ou toute discipline qui ouvre l'esprit. Cela m'aide à prendre du recul, vis-à-vis de moi-même et des mécanismes qui structurent ou freinent le développement humain. Je peux alors mieux découvrir, regarder en face et confronter directement les vieux tabous, dogmes ou croyances à réformer et deviens plus disponible pour m'occuper de tous ces comportements à modifier, ou à recycler.
* En restant conscient de que ce que je fais, j'utilise ma propre conviction et non pas une vérité absolue applicable à tous !

Conseils

Après avoir bien fait le « job », et réglé suffisamment les défis de cette Maison XII, vous pouvez alors vous retrouver débarrassé de toutes ces fausses croyances inhibitrices, de ces tendances au fanatisme ou de diverses certitudes rigides, qui auraient pu envahir votre espace intime.

Votre propre vérité découverte, vous permettez alors à votre conscience de respirer, de s'élargir, et de gagner en cohérence et en sagesse.

Vous pouvez alors devenir réellement passionné au service des autres, et moins focalisé sur vos propres petites passions ordinaires, vos petits feux de paille de l'instant !

Votre énergie se met alors en marche de façon juste et mieux gérée sans plus être uniquement axée sur vos motifs extérieurs habituels, ce qui peut ainsi engendrer dans votre vie, plus de tolérance, de sagesse et plus de maturité.

S'instaure alors un vrai service aux autres, avec une vraie capacité d'écoute et de compréhension...

Capricorne en Maison XII

* C'est avec sérieux et rationalité que j'aborde le bilan et le travail de nettoyage intérieur ».
* Mais j'ai toujours eu du mal à me libérer des cadres en place et le changement radical me fait peur, car je suis plutôt là pour gérer les choses, les maintenir en place, et non pas pour les faire changer ou les transformer vraiment. Comme j'ai un peu tendance à tout ramener à moi, et que je n'ai pas une immense confiance en mes capacités, je reste parfois crispé ou rigide sur mes positions.
* En fait, je crains le changement, car j'ai l'impression que cela va déstabiliser mon « édifice intérieur » et mes sécurités mentales, le tout additionné d'une certaine peur du collectif.
* Il me reste surtout à apprendre à me débrouiller tout seul ou toute seule, mais pour ce faire, j'ai besoin de me prouver que je suis capable de développer ma force morale. Tout engagement responsable va m'aider en ce sens, toute réussite sociale va me dynamiser et me permettre de devenir plus sûr de moi, et de mes options ou choix personnels.

* Je pourrais, ensuite, plus facilement tenter d'abandonner certains vieux schémas périmés, de laisser les anciens traumatismes intimes au placard, pour accéder à plus d'harmonie et de « lâcher-prise » dans ma vie. C'est en réussissant à l'extérieur que je peux ensuite plus facilement réussir à l'intérieur.

Conseils

En devenant responsable de votre vie, vous pourrez mettre en place de beaux repères, qui aideront à votre construction intérieure et à votre épanouissement personnel.

Vous trouverez votre vraie force, votre vraie cohérence, et la récompense de vos beaux et nombreux efforts.

Aussi, le « job » ayant été fait, ou après un long travail sur vous, vous pourrez vous sentir plus fort, plus sûr(e) de vous, et assumer plus aisément les contraintes et les exigences de votre chemin d'avancement personnel. Pour enfin devenir un guide professionnel ou spirituel pour les autres.

Verseau en Maison XII

* Grand idéaliste contestataire, je suis moins prompt à agir, surtout lorsqu'il s'agit de changer le monde et de faire le vrai bilan des actions ou désengagements passés.
* Une certaine inertie personnelle m'empêche de réaliser rapidement les changements que je prône car j'ai surtout besoin de développer mon originalité, et de me démarquer de la « masse ».
* Ma thérapie peut avoir tendance à ne jamais finir ! Abandonner ce qui est là, tourner la page réellement, n'est pas ma spécialité.
* Ma tête veut bien tout transformer, mais le reste de moi-même voudrait que le présent ne change pas !

* J'aime chercher des valeurs sociales nouvelles, mais si je ne me renouvelle pas d'abord moi-même, les changements extérieurs resteront un peu limités et seront en distorsion avec ce qui ne veut pas se modifier, ou se réformer, au fond de moi !
* Pour être plus totalement fort(e) de mes intuitions de nouveauté, et pouvoir tourner favorablement le dos au passé, il me faudra accepter d'être critiqué, ou remis en question, ce que je veux éviter, du moins au début de ma progression, c'est-à-dire pendant cette période où mes « résistances au changement » sont encore bien installées !
* Il m'est donc conseillé d'œuvrer à ma portée, de tenter certains petits changements, ou petites rénovations progressives, plutôt que d'attendre le grand soir, ou de prêcher pour une « totale insurrection » !
* Il m'est demandé ici d'oser devenir responsable dans divers engagements réels pour un futur meilleur en faisant taire mes peurs d'une aventure non maîtrisée, et d'avoir l'audace d'affronter tout environnement.
* Ayant compris et intégré la réalité de cet habituel « Effet miroir » qui fait que tout ce qui se passe en moi peut ensuite se retrouver au niveau collectif, je peux mieux avancer en conscience. En effet, la réalité extérieure reste l'interface de ma réalité intérieure souvent peu connue ou peu comprise par ma conscience en évolution plus ou moins rapide.

<u>Conseils</u>

Ayant « fait le job » concernant cette Maison XII, et réglé suffisamment vos peurs et contradictions personnelles, vous pouvez alors vous débarrasser de ces vieux schémas qui peuvent avoir tendance à limiter votre belle progression.

Vous pourrez ainsi aider votre entourage à effectuer la même « révolution intérieure », plutôt que de perdre leur temps dans une illusoire « Grande révolution collective » !

En œuvrant pour le « nettoyage » de votre propre inconscient, vous participez automatiquement au nettoyage collectif et vous pouvez devenir guide du futur, ou « prophète des temps nouveaux ».

C'est en tous cas une possibilité.

À vous de la rendre possible !

Poissons en Maison XII

* Il semble que j'aie tout ce qu'il faut en moi pour dissoudre les fantômes et les déchets du passé.
* Je m'ouvre facilement à « l'universel », mais j'ai intérêt à ne pas oublier le « travail intérieur » car si mon « canal » n'est pas nettoyé, la circulation des messages se fait de travers.
* Je dois donc veiller à ce que ma grande réceptivité ne tourne pas à la « victimite », et que mes grands idéaux tentent à se briser sur l'écueil des faits !
* À vivre trop dans l'imaginaire, ou à rester dans le paradis inatteignable d'un « Amour trop universel et désincarné », je risque de rencontrer beaucoup d'ombres sur mon chemin, ainsi que les résurgences d'un enfer non souhaité !
* Lorsque ma fuite dans le ou les rêves est trop régulière, je peux me retrouver à vivre une réalité où des fantômes se manifestent bien trop souvent et chamboulent tout !
* Aussi, le premier « passage obligé » consiste en un vrai nettoyage intérieur et surtout émotionnel. J'ai intérêt à confronter ma « difficulté à exister » (et mon défaut d'incarnation.

__Conseils__

Après avoir « fait le job », et réglé suffisamment vos paradoxes intérieurs et vos « embrumages intimes », vous pouvez devenir votre... directeur de conscience.

En résumé, si le nettoyage de votre subconscient a permis la dissolution d'une grande partie de vos complexes, peurs ou faiblesses intérieures, vous pouvez alors, par exemple, devenir un(e) excellent(e) Psychanalyste !

Certains dons peuvent apparaître comme des dons de guérison, de médiumnité, et tant d'autres que vous pourrez alors mettre au service des autres ou du collectif, pour plus d'harmonie, de bien-être et de paix dans un souci d'Amour plus conscient et plus universel...

EN GUISE DE CONCLUSION…

« Les Astres proposent,
la femme ou l'homme disposent »,
dit le Sage.

Au fil de ces pages, nous nous sommes efforcés de vous offrir nos plus justes propositions. Mais cela reste des propositions, des invitations, avec leur aspect subjectif, et fortement lié à notre propre expérience et parcours de vie.

Vous n'êtes, bien sûr, pas obligés de partager totalement notre point de vue ou nos suggestions. Vous avez, rappelons-le, le loisir ou la possibilité de ressentir les choses autrement, de penser différemment…

Il y a tant de façons particulières de vivre les choses de la vie… Il y a tant d'options personnelles.

À vous de développer, d'entretenir votre « libre-choix, votre positionnement personnel, ainsi que la qualité de votre lucidité ou de votre conscience.

Personne ne pourra le faire à votre place !

D'une manière générale, l'Astrologie et, bien sûr, l'Astrologie humaniste ne cesse d'évoluer, en particulier avec l'apport de chaque « nouvelle génération » d'Astrologues et toujours en fonction de l'évolution des consciences et de l'avancement collectif.

Rappelons, par exemple, l'importance de considérer le fait que chacun, chacune a la possibilité, plus ou moins grande, mais toujours présente, de différentes manières, de « créer sa vie » sans tomber dans le piège de prévisions toutes faites ou d'injonctions illusoires et si souvent nocives pour l'âme et toxiques pour l'esprit.

Vos pensées les plus profondes « influencent » votre quotidien tout comme vos désirs intimes sous-tendent votre vie. Plus votre petit monde intérieur sera clair, lumineux, enthousiaste et dynamisé, plus vous vous rapprocherez de votre bonheur personnel.

L'essentiel, pour nous, reste la transmission, par le biais de cette Astrologie, de beaux messages d'espoir et de paix, de subtiles, mais utiles, suggestions d'actions, de concrétisations personnelles...

Pour que chacune et chacun trouve, petit à petit, sa place et son rôle dans la famille, dans la société, et surtout en lui ou elle-même, sans qu'il y ait besoin de tensions, d'agressivités interpersonnelles, de violences ou de guerres.

Ainsi, lorsque j'ai trouvé mon « Chemin d'envies » et différents chemins peuvent d'ailleurs se suivre ou s'enchaîner, il me reste à savourer mon épanouissement et ma joie de vivre.

Lorsque je change mon fonctionnement, ou améliore ma façon d'être un bon compagnon, ou compagne, avec moi-même, je permets directement ou indirectement certains changements familiaux, éthiques ou religieux, et surtout sociaux. Lorsque j'évolue d'une certaine manière, le monde autour de moi se transforme.

En œuvrant à ma « révolution intérieure », je participe, en quelque sorte à la « Révolution extérieure ou collective »...

Je peux donc compter « sur » mon ou mes avancées en conscience, mes amplifications de lucidité intérieure...

À notre avis, il n'existe pas de « fautes » proprement dites, pas d'erreurs commises ou à commettre, mais seulement des apprentissages, de belles et possibles leçons à tirer de toute expérience.

Ainsi, chacune des expériences que vous tentez, de préférence en conscience et maturité, peut se révéler un « cadeau de vie », une juste étape offerte pour un meilleur avancement personnel, voire collectif.

Osez ! Quitte à vous fourvoyer !

Une expérience dont on tire de belles leçons ne trompe personne, même pas vous-même !

Osez dépasser ou traverser vos peurs. Surtout vos peurs de la peur !

Ne craignez pas de tester, de développer votre intuition, de faire le ménage à l'intérieur, de reconsidérer vos vieilles croyances et de vous sevrer de certaines certitudes.

Osez changer de point de vue lorsque cela vous est nécessaire, ou que vous en avez fortement envie. L'univers vous le rendra au centuple !

Finalement, si nous avons surtout, dans ce livre évoqué les Maisons astrologiques, c'est qu'elles sont pour nous les meilleurs tremplins ou supports de toutes propositions utiles pour nous interpeller au niveau de l'énergie qu'elles évoquent chacune !

En effet, elles vous invitent à vous mettre en harmonie avec les divers messages de l'univers, ces sollicitations essentielles pour une bonne « incarnation » ou « mission de vie », pour vous éviter de copier ou de reproduire le fonctionnement d'autrui, les illusions ou problématiques de votre entourage.

Lorsque je cesse de me calquer sur mes « gentils » ou parfois catastrophiques modèles, je me rapproche du meilleur et unique en moi, et je m'éloigne du troupeau social, à défaut de respecter mes belles aspirations personnelles…

Il paraît que nous sommes ce que nous mangeons, ce que nous respirons et surtout ce que nous pensons, sans oublier le type d'énergie que nous laissons circuler en nous-mêmes. Cela sous-tend de façon essentielle toutes nos actions, et notre relation au concret et cela intervient donc au niveau de notre vécu personnel et notre engagement intime.

En un mot, l'astrologie ne se prouve pas… elle s'éprouve !

Aussi, nous vous souhaitons de bien rencontrer votre vrai chemin, vos vrais parcours personnels. Il reste tant de possibles, tant de chemins à choisir, tant de pistes d'incarnation…

Que les ASTRES deviennent pour vous, comme pour nous, de subtils et honorables compagnons de route, ou de petits guides désintéressés au service de votre ou de notre épanouissement profond.

Ils sont toujours à votre disposition pour oser de belles et enrichissantes aventures de vie.

Une vie qui n'attend plus que vous !

REMERCIEMENTS

Nos remerciements à Zoéli pour ses belles illustrations des 12 Signes.

Joëlle

Je remercie certains de mes maîtres, comme Alexander Ruperti et Dan Rudhyar, pour m'avoir révélé l'essentiel de cette Astrologie humaniste, et son éthique profonde.

Et, bien sûr, François pour avoir été ma plume fidèle.

François

Je remercie mes élèves pour tout ce qu'ils m'ont permis d'apprendre.

Et tous celles et ceux qui m'ont interpellé et aidé à oser rencontrer mes ombres et mes lumières avec indulgence, patience et opportunité.Et, bien sûr, Joëlle pour ses lucidités psychologiques et la pertinence de ses analyses.

À PROPOS DES AUTEURS

Joëlle

Joëlle a une longue expérience en Astrologie humaniste, enrichie d'un long et profond travail personnel en psychanalyse et psychothérapie.

Cadre bancaire, puis chef d'entreprise (trois magasins Biocoop), elle a toujours enrichi ses connaissances astrologiques au fil de ses expériences de vie, et a même exercé comme animatrice de Tantra et Coaching Tantra couple avec François, son mari, dans leur Manoir du bordelais.

François

Psychosociologue de formation, il s'est orienté vers la naturopathie et l'énergétique, après des années comme réalisateur de TV éducative en Afrique. Il est devenu en 1988 professionnel de la « Psychologie par les nombres ».

Il commence sa carrière de numérologue avec *Le Grand Livre de la Numérologie,* best-seller en la matière.

Il créé ensuite la Numérologie humaniste et l'ENH (École de la Numérologie humaniste).

D'autres livres suivront ce premier succès, *Numérologie et mieux-être, La Numérologie essentielle,* et plus récemment *Numérologie et Chakras,* etc.

Conférencier, formateur et consultant, il n'a de cesse de continuer ses recherches et de faire avancer la pratique d'une Numérologie moderne et de conscientisation.

Avec son épouse, il animera par ailleurs, pendant une douzaine d'années, des stages et Coaching de Tantra de l'Amour avec de nombreux passages à la TV sur diverses chaînes.

TABLE DES MATIÈRES

Introduction 7

Les Maisons astrologiques 15
Résumé des propositions des Maisons 34
Trois exemples d'interprétations 35
  Juliette 39
  Pierre 50
  Didier 59
Les astres et les planètes 67
Résumé des suggestions des diverses planètes 77
Les Signes astrologiques 78
Résumé des propositions des Maisons 93
Les planètes dans les Maisons 95
Les 12 Signes dans les 12 Maisons 117

En guise de conclusion... 255
Remerciements 259
À propos des auteurs 261

Achevé d'imprimer en avril 2024
sur les presses de la Source d'Or
58500 Clamecy
Dépôt légal : avril 2024
N° d'impression : 404258

Imprimé en France